管 理
以规则驾驭人性

王春强 ◎ 著

企业管理出版社
ENTERPRISE MANAGEMENT PUBLISHING HOUSE

图书在版编目（CIP）数据

管理：以规则驾驭人性/王春强著 . —北京：企业管理出版社，2017.3
ISBN 978-7-5164-1466-8

Ⅰ.①管… Ⅱ.①王… Ⅲ.①企业管理 Ⅳ.①F272

中国版本图书馆 CIP 数据核字（2017）第 015879 号

书　　名：	管理：以规则驾驭人性
作　　者：	王春强
责任编辑：	张　平　程静涵
书　　号：	ISBN 978-7-5164-1466-8
出版发行：	企业管理出版社
地　　址：	北京市海淀区紫竹院南路 17 号　邮编：100048
网　　址：	http://www.emph.cn
电　　话：	总编室（010）68701719　发行部（010）68701816
	编辑部（010）68701638
电子信箱：	qyglcbs@emph.cn
印　　刷：	北京旭丰源印刷技术有限公司
经　　销：	新华书店
规　　格：	148 毫米×210 毫米　32 开本　11.75 印张　182 千字
版　　次：	2017 年 3 月第 1 版　2017 年 3 月第 1 次印刷
定　　价：	98.00 元

版权所有　翻印必究·印装有误　负责调换

导读

管理就是尊重人性，定好规则

我是 1973 年生人，在政府部门短期任职后，到华为公司工作了五年，之后开始从事企业管理咨询工作，迄今已有十四年时间。这个特殊的职业让我可以接触到数量巨大的各行各业、各种性质的企业，更有机会直接面对企业管理中形形色色的实际问题。

我发现，实际上存在两种意义上的管理。

一种是运筹学意义上的管理。比如，一个足球队，足球教练不同的排兵布阵和战术运用，其战斗力和成绩可以有很大差别。其中，寻找最优的战术与阵形组合方式的努力，就属于这个层面。

另一种是人性学意义上的管理。有人群的地方，就会有人和人之间的互动，而有人和人之间的互动，就有博弈。一个优秀的足球教练，不仅要管好训练和比赛，还要能管好更衣室（球队内部合作）。球员间的实际团队合作表现就属于这个层面。

运筹学意义上的管理最优，往往并非现实性的管理最优。这就像理论上"两点之间线段最短"（运筹学意义上的），但现实中因为山丘湖河（人性学意义上的）的存在，使得两点之间的最短途径并不是直线。事实上，随便找一个企业做样本分析，我们就会发现：因为人性因素导致的管理问题，远远多于运筹不当导致的管理问题。

为什么三个和尚就没水吃？不是力气不够，是因为博弈，谁都不想吃亏，甚至还都想占点儿便宜。如何破解这个困局呢？如果庙里有个凌驾于三个和尚之上的方丈，依靠方丈的权威和思想教育工作，应该能让三个和尚把水弄回来，但这肯定不是一个最好的办法。最好的办法是什么呢？制定游戏规则。比如，三个和尚一人值日一天，轮流担水，可以解决这个问题；两人一组抬水，每三天一个轮回，也可以解决这个问题。

这个故事启示我：**规则可以影响博弈，把无序变为有序**。

进而，我开始研读博弈论的相关书籍。一边读，一边和自己经历过的企业管理实践，乃至日常生活中的一些现象进行比对、分析。我发现，学术性的博弈论主要是站在博弈者视角研究博弈策略，而实际管理工作中则是站在"游戏组委会"立场。也就是说，当企业的"游戏规则"改变时，各方的博弈策略也一定会跟随做出调整，以保证自身利益最大化。

由此我认定一个道理：**管理的本质是要掌控博弈，而规则可以影响博弈结果，所以管理者的最有效"大杀器"就是制定规则。**

如何制定规则，让管理实现"运筹学"和"人性学"两个维度上的最优？您正在阅读的这本书，就是我近十年里，对这个问题思考的结果。

本书的主体部分，第1章到第10章，考察分析了企业实际运作中，包括客户导向、战略管理、布局管理、组织管理、流程管理、IT应用、绩效考核、产品开发、供应链管理等各个方面，就其中各环节中诸多具体而实际问题进行了探讨，并给出了如何通过制定规则，尊重引导企业中的人性因素，让管理切实有效、真正落地的方法与逻辑。

书中涉及的不少的企业案例、经验和教训，都是我自己的亲身实践。同时，我还借用了古今中外历史、政治、文化的很多事例，这当然有增加可读性的考虑，但更因为这些事例映射出了与"规则"

相关的本质，对企业管理者的实践会有所启发。

　　本书的最后一章——第 11 章，可以看作全书的一个理论思考总结。笔者试着以特有视角解析并重构了"规则"这一概念，认为规则的实质是"势"，人们的行为必须"据势而为"；接着，深入分析了"规则"影响"博弈"的核心机理，归纳总结了用博弈思想设计规则的基本要点。

　　自 2010 年开始，我就断断续续完成了本书的部分内容，但散珠无链，因为工作繁忙，一直没有时间完善成书。2016 年春节后，在博瑞森张本心老师和李俊丽老师的鼓励下，终于狠下心逼迫自己完成了剩余工作。经过半年的写作，终于完稿，感觉如释重负。

　　最后，感谢在本书写作过程中，给予我支持和鼓励的各位朋友！

王春强
2016 年 10 月

引言

为了方便大家快速了解本书内容,在这里先简要介绍一下本书各章内容。

本书从"运筹最优"和"博弈最优"两个维度探讨了企业管理中的主要领域,并基于企业日常运营的管理框架,重点阐述了如何通过制定规则,并让规则真正发挥作用,从而引导管理中的人性因素,让管理真正落地。

"以客户为中心",言之易,行之难。本书第1章主要探讨的是,如何让"以客户为中心"真正在企业中落地。有客户才有企业,企业价值是以客户为参照系进行定义的,所以"以客户为中心"是企业最为根基性的原则。根基若是错位了,管理运营水平的天花板也一定会很低。

第2章探讨了企业战略制定的问题。笔者以"所能""欲取""匹配"几个概念重新诠释了战略的制定过程,强调了博弈思维在战略制定中的应用,并把战略分为战略方向、战略路径与阶段性目标、战略原则、战略要求四个层次，以案例方式分别探讨了四个不同层次战略的特征与应用。

人治与法治也是管理永恒的话题。第 3 章从人性视角论述了如何在管理中把握好人治与法治的平衡。企业运营布局是企业经营管理的基础，关系着企业运营管理的整体性和天花板所在。第 3 章提出了"价值管道"的概念，认为价值管道是从运筹逻辑角度展开企业运营管理布局的主轴，是基础中的基础；进而，从博弈视角论述了企业各关键利益干系方的利益格局管理是企业管理有效性的大前提。任何组织都要面对运营安全与运营效率这对永恒矛盾，第 3 章就专门论述了安全与效率平衡的一般规律。

在第 4、5、6 章中，以流程和组织相互参照，探讨了企业管理的一般规律，从运筹与博弈双视角剖析了组织与流程建设中的核心问题，并归纳了管理变革中最关键、最常用的一些优化手段，以案例方式讲解了这些手段的应用场景和应用"心法"。同时，以"唯精唯一"理念，提出"组织即流程，流程即组织"这一管理判断，捅破了企业管理中组织与流程之间的认知隔阂。

第 7 章从运筹学视角、博弈视角，另辟蹊径地剖析了 IT 在企业管理中的作用与价值。

第 8 章围绕"度量维度"这个核心概念，以分工职责为出发点，以规则环闭环管理为原则，探讨了绩效管理中一些最核心问题，归纳了针对不同类型职责进行绩效评价的规律性方法。

第 9、10 章对 IPD（集成产品开发）和 ISC（集成供应链管理）这两个因华为公司而声名鹊起的优秀管理实践进行了简要解构。这种解构一方面可以视作是本书核心观念、方法在企业管理实践中的应用，另一方面也可帮助研发制造型企业中的同仁或从事相关工作的同仁，从原理层理解和掌握集 IPD 与 ISC 这两大体系的核心思想、本质特征与关键方法。

第 11 章则归纳了本书的逻辑要点：

第一，有人群处、有"事"处就有"局"，"局"就是博弈，影响博弈结果的因素包含参与方的实力、各方掌握的信息、博弈策略、博弈规则等，站在驾驭博弈局面的角度，博弈规则是根本要素。这个判断适用于管理，因为管理的本质就是要通过规则掌控博弈。

第二，任何一种组织的"管理"行为，无外乎两种属性，一种是运筹学意义上的，解决如何配置组织资源、如何协调组织行动以取得管理效益；另一种则是人性学意义上的，也就是驾驭博弈，解决以各方利益为核心的组织驱动方式问题、组织协同问题、管理有效性问题。现实中，两种属性的管理行为是合为一体的，其中更困难、更不易掌握、影响也更大的是如何驾驭博弈。

第三，管理最后要聚焦到规则上。人和事之间、人和人之间，其实都隔着一种介质，这种介质就是"规则"，而规则的实质是一种预期，从规则入手去管理更容易抓住问题的关键。

第四，组织中的规则会形成有一定滞后性的"势场"，人进入这个"势场"必会受其引力的作用。可以说，"势场"决定着组织的运作秩序。

第五，规则的至高境界是规律。规律就是自然规则，是"造物主"制定的规则。"造物主"通过规则而不是以事事干预的方式掌控世界，所以，我们一是要学习"造物主"以规则驾驭世界的做法，二是要明白人为的规则须服从于"造物主"的规则。

第六，在企业管理中，职责是规则的基础，也是规则的构成部分，规则有效是职责有效的前提。职责作用的发挥就是规则作用的发挥，规则作用的发挥实质是在驾驭博弈、掌控秩序，从而掌控结果。

第七，企业管理可以视为是管理者从运筹学角度的努力与驾驭博弈努力的耦合。所谓战略、组织、流程，实质上就是针对性构造组织运作结构（构造博弈局面）、使组织成员协同工作（驾驭博弈），以取得组织绩效（创造价值）。运筹学的核心在于效率，投入产出杠杆大才可谓效率高；人性学的核心在于有效性，只有接地气、能落实的管理才能谓之有效。

目录

第1章 如何真正做到信仰客户

第2章 四步战略制定法
一、战略方向如何匹配 015

二、战略路径选择与阶段性目标 020

三、战略原则是什么 025

四、战略的四个要点 026

第3章 布局：确定企业的基本管理框架
一、打通价值管道 030

二、利益平衡是保障 039

三、安全与效率的平衡 042

四、何处人治，何处法治 048

第4章 组织设计如何驾驭人性
一、打造有"战斗力"的组织架构 056

二、组织设计就是博弈 065

三、如何控制组织臃肿　074

四、决策与执行分离　087

五、矩阵式管理　090

第 5 章　流程设计如何驾驭人性

一、分工就是流程　102

二、流程也是分工　110

三、尊重立场的差异　114

四、分中求合　118

五、流程中的内控原则　122

六、流程设计要"事上磨炼"　127

七、如何进行流程变革　130

第 6 章　基于效率最优的流程设计

一、端到端　138

二、串行变并行　145

三、异步化　150

四、统筹与执行分离　153

五、设立 K 点　157

六、推式衔接与流程分支化　162

七、全要素运筹　167

八、好剧本是成功的一半　172

第 7 章　IT 的本质是规则

一、从效率角度看 IT 的价值　178

二、从博弈角度看 IT 的价值　184

第 8 章　如何度量绩效

一、如何确定度量维度　191

二、如何度量非独立职责的绩效　197

三、对战略性或战役性工作的绩效度量　202

第 9 章　集成产品开发的核心思想

一、与市场对焦　210

二、开发的系统工程优化　217

三、跨部门集成机制　221

第 10 章　集成供应链的核心思想

一、供应链的输入　231

二、供需匹配的运筹逻辑　234

三、计划的中枢作用　239

四、价值采购　247

五、集成化的供应链流程　258

第 11 章　重新认识规则

一、规则是一种势　266

二、规则是博弈的产物　272

三、规则如何影响博弈　278

四、规则环　284

五、规则中的"天理"　288

六、规则设计的灰度　294

七、以博弈思维设计规则　300

附录

一、从治术到管理　310

二、势场　317

三、文化　322

第 1 章
如何真正做到
信仰客户

以客户为中心，说之易，知之难，行之更难。

最近我看到过一段视频，是2015年1月记者在瑞士采访华为公司总裁任正非。记者问，如何才能让自己的品牌在国际上立足，华为有什么可借鉴的经验，任老板是这么回答的：

"我们今天也没有想到要打造品牌的问题，因为品牌并不重要，重要的是你真正为客户服务，你真正为客户服务，客户是会接受你的，客户是会感知的，不会不感知的，不是靠宣传各种东西来塑造一个品牌，我认为要赶超的，就是以客户为中心。"

我觉得这段话可以作为企业"以客户为中心"的一个通用注脚。对比企业界众多以客户为中心的说法，这个注脚可以帮助大家更深入理解"以客户为中心"到底意味着什么。

所谓说之易，因为几乎所有企业都会讲这句话，即使有人为追求语不惊人死不休，说"员工第一，客户第二"时，实际上也并没有否认要以客户为中心。然而，人们也明白，有相当一些企业只是这么喊，它们骨子里压根儿就没这个意识，压根儿就没走心，只是说点好听的给别人听。

第1章
如何真正做到信仰客户

所谓知之难，可以从两个方面理解：一方面，如任正非上面所讲，认为品牌宣传不重要，重要的是真正为客户服务，只要你真这么做了，客户是会感知到的。这是抓到了根本，核心精神可用"诚"和"实"两个字概括。任所言，并非指品牌真的不重要，而是强调本末之分，为客户服务、为客户贡献价值是本，在这个"本"的基础上，诸如品牌宣传这些"末"才有意义。但现实中，我们更常看到的是，不少企业的做法本末倒置了。

另一方面，如何把以客户为中心与切实的经营管理关联在一起？以客户为中心对企业运作意味着什么呢？可以说，真弄明白的人不多。以客户为中心，不只是对客户点头哈腰、先干为敬，这些是比较表层的客户导向。深层次的东西是什么呢？前些年，我发现了一个自己很满意的比喻，即"以客户为中心"应该是企业管理的"万有引力"。什么是万有引力？引力无处不在！不管是牛顿的苹果，还是水上的船、天上的飞机；不管是山洞里的石头，还是云端的水汽，无不受地球引力的作用。就企业管理而言，不管是销售人员、客服人员，还是研发人员、生产人员；不管是组织架构，还是业务流程、IT系统，都在"以客户为中心"这个引力场内，都从不同角度体现了"以客户为中心"。

所谓行之难,是指很多情况下,你以为你懂,其实你不懂。王阳明有句话,"未有知而不行者,知而不行,只是未知,知是行之始,行是知之成",这是他回答他弟子徐爱一个问题时所说的。徐爱问:"如今人尽有知得父当孝、兄当弟者,却不能孝、不能弟,便是知与行分明是两件。"然后王阳明作了如上回答。简单解释就是,没有做就是没有知,不存在所谓你知道只是没有去做。我觉得这个说法用在企业是否"以客户为中心"这个问题上非常恰当。

几年前,我听前华为一个同事讲,在华为内部会议上,总裁任正非总结过华为的三件"法宝",分别是以客户为中心、流程驱动业务与危机意识。这些看起来都不像什么秘诀。因此我想,"法宝"是否有效力,还是在于理解的深度和落实的深度。用王阳明的话说,就是是否知行合一,行了才是真知了,真知了,才能行得更好。

下面,我具体从运筹学视角和人性学(博弈)视角,探讨下"以客户为中心"是如何作用于企业管理的。

我个人网购时,如果需求非常紧急,定会从京东购买。因为多数情况下,京东基本能做到前一天

第1章
如何真正做到信仰客户

下午或晚上下单，第二天中午前就送到。京东为什么能这么快呢？除了京东快递的高效，更重要的一点是京东实施"分布式仓储"，能就近发货。比如我在深圳下单购买，货都是从其广州仓库发，所以时效才有了保证。也就是说，为了满足客户对"快速"的需求，京东针对性实施了"分布式仓储"，这就是"以客户为中心"这个引力在京东运营方式上的体现。当然，"分布式仓储"只是提供了最重要、最基础的一环，做了这件事并不意味着客户就能快速收到货物，还需要很多配套的机制，比如京东后台依据顾客留下的送货地址自动分配发货仓的机制、解决任何两个活动节点间闲置时间最少（不怠工）的机制、考核与付薪机制，以及批量采购分散送货到不同分布仓储的机制，等等。这些机制全部展开后，"以客户为中心"这个万有引力是如何作用在京东的组织设计、流程设计、供应链设计、考核与薪酬设计等全链条的"原理图"也就跃然纸上了。其中，解决任何两个活动节点间闲置时间最少的机制、考核与付薪机制，主要是从博弈角度施力的，以引导和逼迫各环节的员工不怠工、不偷懒，一气呵成完成整个配送过程。如果少了其中任意一环，当日到货或隔日到货，就不可能实现。

再比如海底捞。餐饮服务业最核心的客户体验都发生在就餐的那一两个小时内，而要保证客户这一两个小时的美好体验，对员工的培训教育、服务操作的标准化与规范化当然是少不了的，但绝对不仅仅是这些。海底捞这方面服务做得非常到位，但如果仅仅学海底捞这个表面部分，就一定学不会，因为在海底捞运作模式的背后，还有很多配套的机制在做支撑。比如，远远异于一般餐饮企业的员工授权机制（海底捞一线员工被授权很大），让员工自己先满意（有尊严感、幸福感、收入）的机制，等等。整个链条都是以提升客户体验为宗旨设计出来的。这也是"以客户为中心"这个万有引力在海底捞管理运作上的体现。作为最典型的服务业，海底捞这些运筹学角度的设计要得以落实，其从人性学（博弈）角度的应对规则、措施会比一般企业要求更高。所以，"海底捞你学不会"的原因，并不在运筹角度的运作设计，而在于其人性学角度的规则设计。

参照上面两个例子，我们可以对"以客户为中心"如何落实到管理做一个总结：

第一，改变全体管理者和员工的认知。

要真正强化这种认知，仅仅依靠宣贯式的培训、标语等是不够的，要引导企业全体随时随处体认

"以客户为中心"这个道理。什么是体认？即从遇到的事情中去体悟个中道理，让它在自己心中真正生根发芽，仿佛是由自己心中长出的，使之与自己的"小宇宙"浑然一体。华为在这方面的实践是非常优秀的。针对内部有些干部和员工把过多精力用在伺候上级的现象，总裁任正非发出严重警告："关注领导已超过关注客户，你们还有多少心思用在客户身上？你们要脑袋对着客户，屁股对着领导。要坚决淘汰那些眼睛盯着老板，屁股对着客户的干部。"当华为出现业务事故做检讨，或庆功总结时，必是以客户为坐标展开的。即使在公司重大战略选择时，基点还是客户需求，华为把自身看作客户价值链上的一个环节，以实现客户利益最大化为标尺进行战略选择。在每年度的公司十大管理要点中，必会提到以客户为中心，不断推进对以客户为中心的新的理解。

第二，从运筹学角度构建面向客户的各种机制。

以识别和确定权重的客户需求为标的，搭建内部运作系统，就如前面例子中京东和海底捞所做的那样，组织构建、办公与生产或仓储场所分布、业务流程、工作标准等方面，都以客户需求为出发点，一一匹配、一一满足，进行整合和优化。当然，这也必须要考虑到企业自身的资源能力与风险控制能力。

第三，从人性学角度，以驾驭博弈的思维修正和完善运作机制与标准。

在现实操作中，这一条的重要性和难度都要高于第二条。但没有这条的验证与锻造，运筹学角度的运作架构只能是空中楼阁。当企业布局的时候，应考虑到这个布局下可能存在的博弈以及博弈空间问题，再以规则的制定来驾驭博弈的方向与结果空间。通过对博弈的驾驭，引导、倒逼员工的行为趋向匹配客户需求的方向，而不仅仅是通过口头的说教。众所公认，顺丰是快递业中让客户感觉最满意的公司，难道主要是因为顺丰快递小哥的职业素质高于别的快递公司吗？万科物业管理的口碑是很好的，高于大多数物业公司，难道主要是因为万科的物业人员素质高于别的物业公司吗？显然不是。"橘生淮南则为橘，生于淮北则为枳"。以此类比，员工就是橘，一个企业的管理机制就是地域，同样的员工，在不同的企业中，表现差异会非常大。

运筹学视角的思考和构思先于博弈视角，但博弈视角采取的措施能保证运筹学视角的设计落地。这个设计过程就像铸剑，先是模具成型，做出剑的

第1章
如何真正做到信仰客户

外形,更重要的是之后的反复捶打、淬火,经过这个过程,剑才能坚韧锐利。

如前文所讲,一个企业一开始就在员工认知、运作机制等方面很好地体现"以客户为中心"时,就开始逐步形成一个"以客户为中心"的势场,进而形成"以客户为中心"的企业文化。到了这个程度,就可以说有了一种自驱动的客户导向能力。

这世间出现的各种错误,往往并不是当事人完全不明白道理所在,而是在对道理的把握上,不是偏左,就是偏右。所以,针对"以客户为中心"理念还要做些必要的补充:企业对客户的好,不是无条件的好,不是雷锋式的好,企业还是要赚钱的,信仰客户者是通过为客户贡献价值来赚钱的。比如,作为把"以客户为中心"践行得非常好的华为内部尚有一个企业级的端到端流程——LTC。LTC英文拆开是"Lead To Cash",意思是这个流程从销售线索开始,到收到回款为止。闪亮亮的"Cash"一词,并不违背"以客户为中心"的理念。简单说,以客户为中心是企业运作的主旨,但不是全部,而是有若干前提假设的。我引用华为内部文章中的一段话为此作个注脚:

非决策客户的接待费用一定要保持合适的水平，不能盲目抬高标准。华为是一个商业组织，一切费用支出都必须对我们的生产发展做贡献，没有贡献的事我们决不做。所有陪同非客户人员花的费用，以及那些超过规定的支出项目，全部要由客户经理自己承担，不准报销。对于用公司的钱去建立个人客户关系的，一经发现要严肃处理。

客户的需求是多维度、多方面的，一个企业不可能对客户所有的需求都全部满足，所以企业在确立自己主攻的客户需求目标时，要分层次、分轻重。这就是定位。比如，海底捞对客户就餐体验的排序高于规模扩张，也高于火锅味道；格力空调对产品质量的排序高于售后服务体验；曾经的神舟电脑对低价的排序高于产品品质。定位不同，企业的运作架构与机制就一定不同。定位要适应自身的资源与能力，以及发展战略路径。这个问题搞不清楚，就是主旨没弄清楚。对企业来说，用一个不清晰的主旨指导构建的管理体系是个灾难，要警惕这个误区。

我们再谈谈不是"以客户为中心"的情况。无须讳言，在国企中经常见到这种情况，因为在那种环境里，"脑袋对着领导，屁股对着客户"是常态，

第 1 章
如何真正做到信仰客户

他们不是不知道客户对企业的重要性，但在现实利害权衡中，无法把"以客户为中心"排到最高级别的次序。比如，当他们想到一项改善客户服务的措施时，可能内控风险会增大，他们是不敢冒这个风险的。所以，在充分竞争的市场中，做得好的国企非常少。对于那些做得不错的国企，我是真心尊重和敬佩的。

从博弈视角看，一个组织内部的各种博弈是必定存在的，从客观、理性的角度看，组织的最大利益也是存在的，而"以客户为中心"则是弥合跨部门立场分歧，以实现组织利益最大化、可持续化的不二原则。

第 2 章
四步战略制定法

战略这个概念被使用得很混乱，本不想纠缠这个概念，但论及企业管理又不能避过，所以在此扼要探讨一下在博弈与规则视角下的战略观。我把战略内涵大致分为四个方面：一是战略方向；二是战略路径与阶段性战略目标；三是战略原则；四是战略要点。

以上不同含义的战略共同之处在于，都会成为企业行动的高端指引与约束。所以说，战略的价值就是统率企业行动，让行动有据可依，服务于高阶的战略意图。

组织是有上下层次的，比如集团性公司可能包含不同的成员公司或事业部。同样，战略四个方面的含义也有上下层次。上下层次之间的战略是有关联的，前者基于更高格局得出，后者是要服从前者的。上一层组织战略方向的分解，可能会得到下一层组织的战略方向；上一层组织的阶段性战略目标，可能就是下一层组织的战略方向；上一层次的战略原则可能会成为下一层组织的战略方向或阶段性战略目标；上一层的战略要点，可能就是下一层组织的方向或阶段性目标与原则。

第2章
四步战略制定法

一、战略方向如何匹配

战略制定最核心的要素是"匹配",即把"所能"与"欲取"进行匹配,得到可为与不可为之比较,从而确定一个组织的根本方向,也就是战略方向。方向是结果,"匹配"是过程主体。难为之处在于这种"匹配"不是基于确定因素的静态匹配,而是基于很多不确定性因素的动态匹配。

扫描并初定"欲取",也就是对业务的选择,首先要对行业环境、产业环境、政经环境进行分析。这个方面有很多比较成熟的工具,比如波士顿矩阵、GE分析矩阵等。应用好这些工具可以使分析工作更系统、更全面,但工具毕竟只是工具,它并不是核心。我们知道有很多优秀的企业,在其成长史上可能从来没有正儿八经做过战略分析,用它们自己的话讲,有很多误打误撞的成分。但这只是表象,并不代表分析工作不重要,只不过没有用所谓"正规化"的工具与方法执行而已。其次,思考的深度才是关键。思考的深度仅仅依靠工具是不能达成的,关键是分析者的积累、认知与综合素质。比如,我们偶尔会看到，在所谓的夕阳产业、红海产业里，有企业能看到与众不同的东西，并成功杀将出来。再次，客户需求是战略基础的基础，市场与产业环境的"根"都是客户需求，抓住这个"根"才是根本。

分析自身"所能"殊为不易，一则因为"知人易，知己难"的陷阱，也就是说要客观认识自己不容易，要么容易高估自己，要么容易低估自己；二则因为自身能力是动态发展的，而捕捉动态的能力不易掌握。组织是可以成长的，可以不断吸收外部资源转为内部能力，或者说可以把资源不断转换为能力（这点做得是好是坏取决于组织本身的格局与运营效率），资源本身又是一个不断发展变化的东西，所以把握这几种动态要素组成的动态能力是不容易的。估得不足，会影响发展机会的利用；估得过高，则相当于眼高手低，不能成事。虽然碰到好的产业时机，也就是所谓的"风口"，会有顺风效应，会事半功倍，但还是要有自知之明，这样才能在逆境时执着信念不轻言放弃，顺境时知己所短不忘乎所以。对企业自身基础运营层面能力的认知和把握，是为战略规划提供基本假设前提的关键，而这个认知与把握更多是一种综合性的定性预期，很难说有严密的推理逻辑。

几年前我参观比亚迪时听其高管讲,他们老板王传福有个观念,就是所谓不同行业之间的藩篱,从技术角度看不过就是一层窗户纸而已,捅破了就可以跨过去了,所以比亚迪的业务范围比较宽广。我感觉这个观点看似有道理,又似乎还有些不妥。后来持续思考这个观点,我觉得不妥之处在"所能"的内容上。一个企业的"所能"到底包括什么?我认为至少不仅仅是技术上的"所能"和财务方面的"所能",还有一些不易察觉的软性因素,这也是"所能"的重要组成部分。这些软性因素与思维方式有关,包括对特定行业、特定产业链条、特定市场的认知,而这些更多是经验性的,甚至是直觉性的,当事人都不一定能清晰地讲出来。

截至2015年年底,华为的手机业务终于成为国内老大,而从全球范围看,华为在品牌与质量上也直逼苹果、三星。华为算是从2005年开始手机业务的,至今已11年,作为一个运作管理非常优秀、运营商资源也无比丰富的企业,这个生长周期可以说并不短,按道理华为本该有更快的增长速度,可实际上还是花了很长时间来沉淀和摸索。原因是什么?我认为,对于华为而言,手机业务是一个转型过程,即从一个工业品制造商到消费品制造商的转型。转型的内容不仅仅是做市场的方式、技术、供应链管理等，更重要的是我说的那种软性的东西，即工业品思维到消费品思维的转型，这个很不容易。

"匹配"是重中之重。"欲取"与"所能"是围绕"匹配"进行分析的，在战略规划工具上有个叫SWOT分析的常规工具，就是用来做"匹配"的，当然"匹配"的概念比SWOT分析要大得多，不可画等号。"匹配"本身也是动态性的、多样性的，不是静止和唯一的。从"所能"到"欲取"的实现过程中，会有多种路径和方法可供选择，不同的路径与方法导致的结果会有不同，用A方法不能达成的，用B方法可能达成。就如同一个人打十个人，一次打十个是打不过的，但一个一个打就打过了。"匹配"只有达到这个格局，才可能真正输出可执行的、可预期的战略方向。

需要强调的是，"匹配"过程中人性学意义上（即博弈）的考量，对匹配正确性的影响出乎想象地大。当轻视了人性驾驭的困难性，忽略了博弈的必然存在，就会得出想当然的、不切实际的匹配结果。也就是说，只从运筹学角度考虑事情，而忽略了博弈角度可能产生的干扰，结果就不会好。从今天视角看，王安石变法所确立的改革方向和内容无疑是先进的、科学的，如果真能达成，老百姓和朝廷是能双赢的。但为什么即使他在变革过程中获得了朝廷最高领袖宋神宗的支持和授权，还是功败垂成呢？原因就是博弈角度的考虑不周，以及驾驭博弈方式失效。他没有找到有效驾驭变法中"吏治"的好办法，所以很好的"经"，在执行过程中就被官员们"念歪了"。

一个企业达成战略目标的过程，大多不是匀速进展，而是中间有滞缓段的，这就是大家常说的"坎"。过去十多年来，10亿元坎、50亿元坎、100亿元坎的说法很盛行，这些坎的本质是什么？绝对不是运筹学意义上的。从运筹学意义上看，1000个人可以做10个亿，那么人员规模发展到5000个人不就是50亿元了么？人员规模发展到10000人不就是100亿元了么？这个说法让相当多的人绕不出来，而它实际上是个伪命题。因为企业的人是有七情六欲的、是存在各种博弈的。"坎"的本质，就是企业对不良博弈的驾驭失效了，不能突破。所以，在战略匹配中，一定要考虑到博弈，从这个角度识别风险、措置应对方法。

在一个企业的生存发展过程中，其所处环境又是在不断变化、发展的,所以战略方向也并不是一成不变的,要跟着环境变。比如华为的战略方向,20世纪90年代末华为制定基本法的时候,提出"使华为成为世界一流的设备供应商",后来华为又做解决方案了,又做手机等终端产品了,于是修正成了"管道战略",即由骨干网(运营商业务)、城市管网与支流(企业业务)、终端(消费者业务)构成的全管道战略,这样华为的手机产品也"合法化"了,同时也并未违背其基本法提到的"不进入信息服务业"。

企业在确定战略方向时,要警惕一个非常容易误入的陷阱,那就是"大跃进"思维。设定远远超出自身"所能"的"欲取",产生非常多的不切实际的空耗投入,这会加大经营风险,甚至产生灾难性的后果。

二、战略路径选择与阶段性目标

战略路径,即实现战略的路径选择。从广义上讲,战略路径也是战略方向的构成部分,为方便深入辨析,我把战略路径与阶段性目标另用一节讨论。

第 2 章
四步战略制定法

很多情况下，如果仅有一个终极的战略方向，哪怕它是正确的，也会显得有些遥远，甚至玄虚。所以，在战略方向之外，给出战略路径，分出阶段来，再定义各阶段的战略分目标，会更具有现实可操作性。最知名的战略路径描述，应该是抗日战争时期的"持久战"三阶段论，一是战略防御阶段，二是战略相持阶段，三是战略反攻阶段。它揭示了抗日战争的基本规律，抵制了"亡国论"和"速胜论"两个极端，对国内抗战部署指导意义重大。

一定意义上，识别战略阶段区分比确定战略方向还要不易，因为其中既有对外部环境发展趋势的预期，也有对组织自身建设节奏的把控。可以说，这种划分是带有"预言"性质的。"预言"是否靠谱，取决于做出"预言"所基于的各种分析工作的科学性与合理性。一旦"预言"不靠谱，在此之上构建的路径和战略任务就都失去了意义。

笔者曾为一家快速发展中的家装企业做过战略规划，分为了四个发展阶段，主要是针对其自身管理建设而设定的。第一个阶段是管理整合阶段，那家公司是先有分公司后有总部，当时总部刚刚建立起来，还不能真正统率全部分公司，所以设定用两年时间进行基本的管理整合，把集团化管理模式真正建立起来，包括统一的供应链建设、统一的职能（人力资源、行政管理、财务管理、IT管理等）建设、集团化研发中心建设等。第二个阶段是夯实阶段，包括全体系流程的完善，服务产品化（把家装服务变为提供预制家产品）等。第三个阶段是大布局阶段，市场覆盖从已有的三四个省，扩展到长江以南多数省份，管理方面实现全程精细化管理、类连锁模式的操作标准一致化等。第四个阶段是快速扩张阶段，巩固已有市场地盘，抢占全国性区域地盘。目前，从其发展历程看，前两个阶段已基本达成。

实事求是地说，当战略规划区间过长的时候，最前面的一个阶段，和稍后一个阶段是最重要的，只要这两个阶段的区分和阶段性目标靠谱，就能起到积极的促进作用。退一步讲，即使整体战略方向设定有些缥缈，但只要你第一个阶段、第二个阶段的规划比较务实、可行，也可谓是成功的战略规划。

阶段性目标是通过聚焦而产生价值的。在有限的资源、有限的时空条件内，做最合适的事才是高效和有意义的。在抗日战争中，彭德怀领导了"百团大战"，"百团大战"属于阶段性战略部署，其设定的阶段目标是有限目标，就是破坏日军交通线、

第 2 章
四步战略制定法

摧毁日军据点，抢占地盘、消灭日军有生力量则不是目标所在。又如最近几年滴滴、Uber、e 代驾等出行平台的阶段性战略目标，就是烧钱抢占市场份额、培养市场，此时是不考虑盈利的，盈利是后面阶段的事。在这个目前被媒体称为"互联网＋"的时代，一切都太快了，战略规划之宗旨不是学术研究，务实最重要。

即使从技术视角看一个企业的路径规划与阶段性目标设定，也不仅仅是运筹学意义上的，人性学或说博弈角度带来的干扰同样必须要考虑到。一般面临战略机会窗口时，企业都需要及时调整战略方向，特别是阶段性战略方向，否则就容易跑偏。跑偏是相对而言的，可能你自己一直是在沿着一条线在跑，但其他人可能集体性转向了，于是你就偏了。诺基亚衰落的一个核心原因就是它没有及时选择安卓平台，并不是安卓平台在技术上多么出类拔萃，关键问题是诺基亚对商业博弈的判断失误。苹果的整个生态系统是封闭性的，但苹果太强大了，它长长的链条式运营可以用一己之力撑起半边天。但苹果之外的其他竞争者怎么办呢？各自都搞自己的封闭平台？这是不现实的。所以，一个与苹果 IOS 平台并肩而立的平台崛起是必然的，而且这个平台必须是开放的，这样可以和苹果形成互补性竞争。苹果之外所有手机厂商面对平台选择就形成了一个博弈局面，被选得多的平台，基于马太效应就会迅速成为"武林盟主"，占据压倒性优势，时势使然也。诺基亚的失误在于对这个博弈局面的误判，高估了一己之力。当整个行业马太效应显现时，最终恶虎难敌群狼。其实这恰恰与诺基亚江湖地位太高有关系。地位太高，一是不能客观评价自己，二是难以放下身段。人力有不能胜"天"处，人性者天理也，此可为戒。

战略规划与战略选择是一个推理过程，一环套一环。一环之合理取决于前一环之有效，当一环的假设失效时，这个链条就不成立了。所以在战略规划过程中，最大的陷阱不是技术路线陷阱，而是因无视或轻视人性与博弈的存在而想当然得出判断结论的陷阱。

《大学》曰："物有本末，事有始终，知所先后，则近道矣。"真正理解、驾驭一个事物，从实操的角度知道其中隐含的先后次序是最重要的，比是否考虑到了每个细节、是否在每个点上的认知都是符合事实的更重要。战略路径与阶段区分的意义即在于此。

三、战略原则是什么

战略原则是基于对事物发展规律的认知或价值观而提炼出来的具有普遍性的行事准则。战略原则一般是从某个侧面出发而提出的,其应用场景一般比较广泛,可以比较直观地指导或约束组织及组织成员的行为。战略原则既适用于长周期的规划,也适用于某个战略阶段。

历史上知名度最高的战略原则案例当是战国后期范雎提出的"远交近攻",这四个字对秦灭六国一统天下所起的作用是点石成金式的,范雎也因此被誉为战国时期最杰出的战略家。第一次国共战争期间,毛泽东提出了"农村包围城市"的战略原则,完善了中共革命理论,意义重大,也为毛泽东本人成为中共领导核心奠定了基础。第二次国共战争期间,中共提出"团结一切可以团结的力量",作为那个阶段中共的战略原则。2003 年左右,李一男带领部分原华为团队成立了港湾网络公司,很快发展成为华为的竞争对手。在与之竞争中,华为确定了一项竞争战略原则,就是凡是有港湾参与投标的项目,不惜一切代价阻击港湾,也正是在这种非常规阻击中，港湾很快陷入绝境，最终被华为并购。

在核电企业，"安全第一"是其基本战略原则，只要涉及或有可能涉及安全问题，事情处理必须以保证安全为第一要义。在中国移动，非核心业务外包最大化也是其贯彻始终的一个基本战略原则。很多市级移动公司，正式编制内的人员数量很少，但实际专为它服务的人员则要多得多，而这些人员基本全是外包商的员工。

迈克·波特的竞争战略，不管是低成本战略，还是差异性战略，对于企业而言，其实都属于战略原则范畴。

四、战略的四个要点

在企业或其他组织的战略中，经常有一些内容，严格说不属于前面谈及的战略方向、战略路径或阶段性目标、战略原则，但它却实实在在会影响全局。我归纳了一下，认为战略要点大概包括这几个方面的内容：一是战略方向在某个侧面或某个领域的拆分，二是实现战略意图的战略性任务，三是支撑战略实现的关键环节的相关要求，四是针对比较突出的问题提出的战略要求。

战略要点不必如战略方向、战略路径与阶段性目标、战略原则一样，一旦确定，就不会经常调整。有些战略要点一旦提出就相对稳定，有些战略要点可以依据企业情势与企业出现的问题，随时提出或进行变更。所以，在企业日常管理中，战略要点是更实用、更灵活方便的指导策略。在战略地图这个工具中，出现在上面的各个要素，都属于战略要点范畴。

华为在其管道战略中，特别提出后起的终端业务（相对于其运营商业务和企业网业务而言）要加快在各办事处的布局，要有机制保障办事处分享终端业务的收益，就属于战略要点。恒大集团在战略规划中，提出要进一步深化体育营销，相对于恒大的整体战略而言，这也属于战略要点。

我曾为一家核电企业提过几个着眼于全局的管理改善建议，性质上也属于战略要点层面。在此我们分享其中两个建议。

一、流程与制度要进行精化，要"精确制导"，关注"投入产出比"

背景：作为一个特殊的行业，安全文化是公司骨子里的东西，经过多年建设，不断地打补丁、举一反三，在很多方面形成了非常严密细致，甚至烦琐的管理要求，这里面含有大量基于"宁信其有，不信其无"考虑而提出的要求。所以当前在员工中出现了一些想法，他们认为很多制度与流程中有过于严格或者多余的要求，从而产生很多无效的、无价值的工作投入。这个想法本身也是很不利的，发展下去会影响工作的严谨性。在这种情况下，应"精化"流程，对员工意见多的流程进行审视，在保证安全的前提下，识别出多余的流程要求，或者"分而治之"，针对不同条件建立不同的流程子路径。通过这种结构化调整，在保证效果的前提下，删减多余投入，精简总体工作量。

二、跨公司流程无缝衔接

背景：几年前公司进行了一次较大的组织调整，其中的大修业务、工程改造设计业务都分离出去了，另外单独成立了公司。这几个新成立的公司没有直接隶属关系，属于业务合作关系。这样很自然地就产生了"公司墙"，很多业务问题跨了公司以后，处理路径就比较麻烦了，各公司之间的流程接口也不太平衡。在这个背景下，应该把无缝衔接跨公司流程作为一个重点来抓。

第 3 章
布局：确定企业的基本管理框架

一个企业必有一个经营运作的基本框架，奠定其业务展开的基本格局。多数企业的基本框架不是在成立之初就一次定型的，而是在发展中逐步形成、完善的。可能也正因为这个原因，很多企业并不特别关注运作框架本身，或者仅仅关注其中的组织架构，而对于其他就不太关注。若用系统视角去看，运作框架本身是应该被详备考虑、谨慎设计的。

一、打通价值管道

一个企业存在的全部意义，即在于它能创造从客户角度定义的价值，这种价值或以产品，或以服务形态体现。企业重复创造价值的过程必然会形成一个轨迹，这个轨迹体现了企业活动的结构，也体现了企业的资源配置方式，可以称之为价值创造路径，或者价值管道。企业的所有活动都应该是围绕价值管道展开的，直接或间接把活动的成果输入给价值管道，由此形成一个有主干、有分支的管道体系。因为企业存在的意义与价值都是通过其价值管道得以体现的，所以从运营角度来看，价值管道是企业第一位的东西，也是企业整体运作架构的主轴。

第 3 章
布局：确定企业的基本管理框架

评价一个价值管道优劣的核心标准是效率，即在既定资源投入条件下价值创造的效率。决定价值管道效率的既有运筹学意义上的资源配置与活动安排，更有对博弈驾驭意义上的人员能动性发挥。因此，不存在绝对意义上、脱离组织环境的价值管道最优。最优的价值管道要在运筹学与博弈可驾驭性两者之间的适度平衡中去寻找，这在实操中实非易事。这里，我举一个具有代表意义的北方老国企的例子：

事情发生在20世纪90年代，一家国企的工厂经营陷入困难，人浮于事，工资也快要发不起了。于是，这个工厂做了一个经营模式改变，把工厂下属的四个车间都承包给了车间人员，每个车间可以自己接单、自己买材料，只要给厂里交一定费用就行了。这个措施还真是有效，局面很快就发生了改变，每个车间都止损了，其中两个车间效益还特别好。但这个状态持续了不到两年，各车间经营情况又开始走下坡路。原来，是车间主任们开始利用职权谋取好处，工人们后来知晓了这个情况，于是混乱的情况又开始出现，人心开始涣散，车间效率下降、质量问题频出。开始，厂方更换了其中两个车间的主任,但情况并没有改观,于是后来工厂只好取消了车间承包制。

现在我们来看这个案例。很明显,从运筹学角度上,"化一为四"并不是最优的,资源整体效益没了,协同力削弱了,但是在变革前期效益提升很快,为什么运筹学意义上的倒退反倒促进了效率的提升?这就需要从人性学角度来解释。车间承包后,员工们的积极性提升起来了,这种能动性的发挥足以弥补运筹学意义上倒退所带来的损失。我们知道,工厂的整体管理是跟不上的,主要靠车间自觉自律维护秩序。因此,工作的经营模式改变(即价值管道改变)是进步的,促进了效率。"饱暖思淫欲",这种承包模式赋给了车间很大的自治权,当情况好转之后,以车间主任为首的一小撮人开始打小算盘,以权谋私,而工厂无力驾驭这种局面,所以后期情况又来了一个180度的大转弯,其价值管道的效率又迅速衰退下来。

可见,真正依据各种实际情况确定适合自身条件的最优价值管道,并非一件容易的事,需要足够的智慧。这正如运筹学视角两点之间线段最短,但博弈的存在会产生若干干扰引力。如果你无视博弈

第3章
布局：确定企业的基本管理框架

引力，仍然设计出一条直线，那这个直线一定不能成立，会被博弈引力拉弯；如果你过于服从博弈引力并围绕它来设计线路，那么将是一条非常迂回的曲线，效率都耗损进去了；要把握合适的度，就是如何找出那条最小弯曲度的线。所谓最小弯曲度的线，就是在最小博弈内耗前提下的业务逻辑运筹最优。

以我的经验，大多数企业的价值管道效率都存在不小的提升空间。这些企业多数都很努力，也很忙碌，但事倍功半。因为它们在解决一个又一个必须紧急解决的问题过程中迷失了，而没有去关注价值管道的合理性问题，也没有想过通过有风险的宏观变革去争取提升效率。下面，我针对企业围绕价值管道常见的误区或不足做一个归纳：

第一，价值管道没有整体连通，断节多、裂缝多。

有人说了，我们公司每天都在创造着价值，创造着收入和利润，怎么可能说我们的价值管道没有连通？要知道，能走通并不意味着路径本身设计就是连通的，正如没有GPS导航，人们也能找到要去的那个陌生地点，代价是牺牲了效率。企业的价值管道不是一两个人走的，是全员在走，所以一个公开显性的、全连通的、有助于各部门员工之间达成最大共识的价值管道，才是真正的一体化管道。仅仅从公开显性这一条来讲，能端到端全连通其价值管道的企业就少之又少。在那些断节处、裂缝处、不明确处，是最容易产生分歧和无效损耗的地方。在 2016 年新华社对华为任正非的专访中，任有一句话可佐证价值管道建立之不易："华为坚定不移持续变革，全面学习西方公司管理，我们花了 28 年时间向西方学习，至今还没有打通全流程。"这个"打通全流程"就是打通价值管道。

价值管道连通之难，有一个重要原因，就是企业众多活动之间的关系并非简单的、接口明确的串联关系，而是纵横交错、有并有串、有放有回的多维连接关系。比如，一个研发、制造一体的企业，研发把产品设计好了，交给供应链，然后供应链据此一边去采购，一边生产制造。宏观看，大体上如是，但现实运作中，要是真的只遵循这么简单的逻辑去做管理，企业一定是苟且度日。现实运作中，当研发部门刚开始定义产品的时候，后端很多部门就应该开始介入进来，同步展开工作了，比如采购部门要参与进来开启供应商导入工作，工程部门要参与进来持续审视可制造性，质量部门要参与进来

第 3 章
布局：确定企业的基本管理框架

开始关注产品的可检验性，等等。要把这种多维活动的连接关系理顺，明确对各方的要求，实在不是一件很轻松的事。这不仅让人想起瑞士手表，在那么小的空间内要安排好那么多衔接齿轮的关系，如果没有一个好的全局观、系统的方法，是很难做好的。并且，在这个过程里，还要识别并有措施驾驭那些非技术因素——部门博弈的影响，这就更加大了真正打通价值管道的难度。

第二，价值管道的迂路太多。

价值管道迂路是因为整体运作框架的结构有问题，即没有运筹好，走了弯路，资源投入的产出率不高。导致这种情况的常见原因之一，是企业采取了"一刀切"模式，特别在业务多元化的企业内。因为市场、产品、供应方式等方面存在的差异，不同业务要求在其价值管道的局部有不同的活动路径来配合，但企业没有这么做，而是无差别地要求所有业务都走同一个价值管道。

另外一个常见的原因是，采取了以"单维度目标"作为"一子"体系的模式，这样就会存在着眼于不同维度目标的"多子"体系问题，重复度高、连接不平滑。比如在现有国内核电管理中，除了标准的设备管理模式以外，还另有一个 RCM（可靠性管理）子体系，这个体系只关注设备的可靠性（单维度目标），有一套专有的方法与工具，结果这个子体系和标准体系之间就存在了大量重复性工作，二者结构关系也不是很明确。此外，还存在一个敏感设备管理子体系，把公司定义的敏感设备专门拎出来单独建体系管理，但其实它和标准设备管理流程大部分内容是一样的，只是在某些点上有一些特有的强化性管理要求；这个子体系和标准体系又有很大的工作重复。这就相当于是总体价值管道有了迂路。在很多制造型企业里，成本管理、质量管理经常被当成相对独立的子体系来构建，其中的重叠、衔接不明确、迂路等情况广泛存在。

还有一个常见的原因，是多业务流整合不到位。有一个多业务企业，为每种业务建立了一个事业部。每个事业部都包含各自的营销、销售与研发部门，但工厂的生产是共享的。每个事业部都有为销售服务的后台部门——商务部，负责处理本事业部的订单，把订单进行分解后，将采购需求、排产需求传递给工厂端的采购部门和生产计划部门。这样诸多问题自然就来了，工厂端的采购部门无法整合来自不同事业部的采购需求，每一个事业部的采购需求都必须单独发采购订单出去。生产计划部门更是难受，全公司九个事业部的排产需求无法整合，工厂排产对各事业部的满足性很差，同时自身资源利用、产能分布还很不均衡。这种情况就是整合不够，导致重复工作多，更不能把握总需求与总供应的平衡。

第三，价值管道前后不均衡，实际价值流效率低。

这种不均衡一般有两种表现形态：一是管道"口径"不均衡，有的地方"粗"，有的地方"细"，这样实际价值流速取决于最细之处；二是价值管道前后"流速"不均衡，这样实际价值流速取决于比较慢的部分。很多时候，这两种表现形态是一回事，管道"粗"的地方流速就快，管道"细"的地方流速就慢。比如家纺行业，包括第一梯队的几个企业，都存在供应链响应速度跟不上销售端和设计端的情况，供应链制约了企业销售与设计的步伐。这种情况就是价值管道不均衡。又比如，深圳不少规模不大的手机生产企业，它们在关键器件供应方面就是一个软肋，这部分器件供应能力的不可持续性制约了其整体价值管道的价值流效率。2016年5月18日，雷军在公司内部宣布，亲自接管小米的供应链管理。究其原因，一直以来小米的供应链就是其价值管道上的不均衡处，前面几年这个情况还能应对，甚至还博得了一个"稀缺意味着好"的名声,但2016年第一季度小米出货量已经被挤出前五,小米5尊享版发布3个月之后还不能批量上市,这意味着其供应链短板到了必须要解决的地步。

导致以上几种常见症状的更深层次原因,可以归纳为如下几条:

(一)企业领导者格局不够、能力不足,不能抓住要害。

(二)欲望太炽,掌控无度,被私欲蒙蔽,导致不能聚焦,不能脚踏实地、实事求是对待作为运营中枢的价值管道问题。领导者对此应负的责任是理性不够,有大跃进思想;管理者对此该负的责任是地盘意识太盛,不顾大局,罔顾总体价值管道的重要性,专攻"小我"价值的最大化。

(三)在忙碌中、博弈中迷失了方向,得过且过,魄力不足。这里面有不觉、有无奈,但归根结底是无大魄力去解决这些问题。

总而言之,价值管道是企业运作层面的第一要义,这是不以企业领导者个人意志为转移的。价值管道理不清、通不顺,战略规划再好,都不能顺畅通过价值创造来兑现,都不过是海市蜃楼。

第 3 章
布局：确定企业的基本管理框架

二、利益平衡是保障

价值创造是企业存在的意义之所在，是第一位的；企业中各方利益干系人之间的利益结构与平衡则是企业有可能存在的根本，是第二位的。并且，在现实中。这个第二位比第一位更引人注目，因它而产生的对企业或正或负的作用来得更强烈、更致命，不可不察。

企业利益干系人一般包括股东、经理人、员工、客户、供应商、政府机构及其延伸组织等，有些特殊行业（比如化工、能源等）还有本地居民。企业管理所努力的，是把各方企业利益干系人的博弈引导到合作上来。合作是最好的博弈局面。各企业利益干系人的合作，不是依靠泛道德意义上或功利意义上的说教就能奏效的，只有实打实的利益分配格局才能真正成为合作的基石。

很大程度上，企业治理结构定义了企业主要利益干系方的利益关系，所以治理结构有问题的企业一定是很危险的。在中国企业史上，这样的案例数不胜数。而另外一个方面，企业良好的运营，除了股东、高级经理人这些关键角色，其他各方，比如员工、客户、供应商等也很重要，不可以忽略他们与企业的关系，他们的利益定位要在企业宏观考虑之中。

受日本京瓷创始人稻盛和夫把员工发展放在首位的观念影响，近年来国内经常可以看到"员工第一""客户第一""股东第一"之辩。我认为，具体量化级的排序意义不是很大，但有一点是可以确定的，就是企业与员工的关系应开始重新思考、重新定位。这不是道德意义上的，而是功利意义上的。在封闭式思维模式下，人们是静态看问题的，认为员工就是企业的工具，是成本。成本当然越节省越好，所以事实上就把企业与员工的利益关系，更多看作是零和博弈的形态。而在开放式思维模式下，需要动态看问题，员工就是企业创造价值过程中的主体，是能动的，员工的作用不仅仅是按照要求完成任务，更是一个创造者，创造任务、创造新的企业价值形态。所以，员工与企业是伙伴关系，互补有无。第二种思维模式看到了第一种思维模式忽略的一点：员工在企业中的定位关乎企业的可持续性经营，而不仅仅是短期的利益。华为在其前期阶段就实行全员持股模式，这对华为能走到今天的作用

第3章
布局：确定企业的基本管理框架

不言而喻。如果把名义上一直作为华为主要竞争对手的中兴（中兴是国企）与华为比较来看，一定会强化这种认知。

实事求是地讲，在不同行业、不同性质的企业中，员工的能动性空间是有很大差异的，或许在能动性空间比较小的企业，给员工较低的定位有其一定合理性，而在能动性空间非常大的企业，则必须给员工较高的定位。尽管如此，如果前者能给予员工更高的定位，并施以有效的管理，一定也能给企业本身带来额外的增益。在企业思考与员工（包括经理人）的关系定位时，首先需要的是心态和格局，所谓"财聚人散，财散人聚"说的就是这个心态与格局；其次，企业的付出必须起到激励作用，不能不辨细节地"大撒钱"，要讲价值回报。

股东意志会影响战略与布局，强势的影响一般来自大股东，资本市场的影响会抽象一些，有很大弹性。总体来讲，资本市场倾向于短期利益（宝万之争证明，大股东也不一定都倾向于从企业长期利益看问题）。对客户而言，要为客户创造"慎独式"的、实实在在的价值，才能有持续性合作。对供应商而言，要讲格局与心态，仅仅玩"零和游戏"一定是不行的，要共同发展，要有诚意。

企业格局决定利益结构与平衡关系。格局不同，看到的利益就不同。有格局会长远，无格局会短视。整体而言，要从博弈与合作关系的角度对待企业各利益干系方的关系，透过名义上的利益关系，关注到实际的利益关系，以中性的博弈视角去看问题，才有可能企及客观的答案。如果无视博弈格局，怠慢了实际利益格局，会遭受很大的损失，甚至会折翼；如果过于无原则逢迎，则会耗尽企业精力。企业各利益干系方的共赢是总的指导原则，要激发超乎想象的激情与爆发力，不仅要对经理人和员工进行激励，还要对供应商激励、对客户激励。

三、安全与效率的平衡

安全与效率问题是任何一个组织在任何时间都必须面对的一个永恒性矛盾。这里说的安全问题，是指组织的内部安全，内控意义上的安全。

唐朝疆域比较大，从唐玄宗时始，为防止边陲异族进犯，在边境区域实施了藩镇制。各藩镇在经济、军事各方面有很大的自主权，朝廷政策也鼓励

第 3 章
布局：确定企业的基本管理框架

他们开拓疆土，使得这些藩镇能征善战。在日益发展中，很多藩镇实际上成了独立王国，比如当时安禄山身兼三镇节度使，这引发了后来的"安史之乱"，导致唐朝陷入危机。平定安史之乱后，藩镇制已经尾大不掉，持续一百二十六年，直到唐朝结束进入更加混乱的五代十国。应该说，唐朝实施的藩镇制度，效率是提高了，各藩镇在边防上的确发挥了巨大的作用，但内控安全成了大问题，中央无力驾驭藩镇，直到王朝终结。

正如吴思先生一篇文章所言，每个王朝对导致前朝灭亡的核心因素绝对会无比警觉，预防这些要素的重现会成为压倒一切的执政原则。赵匡胤建立宋朝后，第一上心的就是消除地方军事集团对朝廷的威胁，所以，除了"杯酒释兵权"之外，更对藩镇制度进行了彻底的改造，一是弱化武官影响，二是弱化地方权力。宋朝的军事变革做到了"兵不知将，将不知兵"，经济上则把地方财富全部解运到中央。物极必反。这导致对辽、金、西夏的作战时，宋朝军事将领们受掣肘太多，地方上因无储积不能"各自为战"，所以宋朝一直处于被动挨打地位。总言之，与唐朝相比，宋朝的内控安全做到了极致，而军事效率却大幅度下降，它亡于与唐朝相反的另外一个极端。

现代企业作为一个组织，同样面临着安全与效率这对永恒的矛盾。我们见过了太多的企业，重复着"唐弊模式（轻内控重效率）"或"宋弊模式（重内控轻效率）"。几乎在各个行业都可以找到这样的案例：老企业出来的人员建立新企业，新企业胁裹着老企业的客户与资源渠道建立并兴起；又或者老企业在不能统制全局的乱局下分崩离析。导致这类事情的原因有很多，从进化论的角度也许算是好事，但站在老企业的角度去反思，一定有内控安全没有做好的重要原因。另外一端，由于内控过于严格，导致企业官僚化、教条化、形式主义化，市场响应、产品输出效率极慢，最终企业逐步衰竭，这样的案例从数量上更胜前者。总言之，**有效率、没安全会被颠覆，有安全、没有效率会力竭而溃。**

下面，我们以华为和海尔两家公司围绕安全与效率问题的各自做法，做一个分析。

"一切为了前线、一切为了业务服务、一切为了胜利"，也许会成为变革时代的一个标志性口号。我们要在10年内实现大体系支撑下的精兵战略，逐步

第3章
布局：确定企业的基本管理框架

实行资源管理权与作战指挥权适当分离。指挥权要不断前移，让优秀将领不断走向前线，灵活机动地决策。以代表处为利润中心，对结果承担责任，指挥权、现场决策权首先移至代表处。当然监督权也要不断前移，子公司董事会经过几年的发展，通过立足一线，不断摸索，在内、外合规的管理上已经逐步成熟，效果开始显现，我们在个别国家可以开始对一线业务部门实施授权试点。要扩大在代表处审结的内容与范围，这就是权力的下放。流程要纵向、横向打通，要让听得见炮声的人能呼唤炮火，能呼唤到炮火。

（摘自2016年1月华为任正非讲话《我们没有不成功的理由》）

企业规模越大，安全与效率矛盾就越突出，寻找这个矛盾的平衡点是所有大型企业面临的考题，处理不好，气运也就尽了。当内控跟不上的时候，就会失控，军阀割据、分崩离析；当效率和灵活性不能保障时，就是官僚滞缓，失去市场反应能力。相对而言，企业更容易在后者上沦陷。华为目前有17万名员工，业务遍及170个国家和地区，当然也遇到了这个问题。从上面这段话看，我们可以看到华为解决这个问题的思路。

华为安全与效率的矛盾集中在前线与后台关系上，大体系不能拆，要让资源管理权与作战指挥权适当分离。这是个非常难的课题，国内企业的资源管理权与作战指挥权往往是"潜规则式"地并在一起的，掌握资源的部门就想去插手指挥，而实质性能指挥好的部门一定得有资源权，否则不能成事。华为知难而上，就是想正面解决这个问题，不想用取巧的偏方，因为取巧的偏方一定会有副作用、后遗症，最终还会伤害企业。当然，华为也知道正面去解决这个问题的难度，所以文中讲"用10年时间"。其解决问题的目标就是"让听得见炮声的人能呼唤炮火"，其实就是指挥权、现场决策权前移到一线的代表处。要实现这个目标一点都不简单，不是发布一个个红头文件就能了事，而是一套生态系统的整体转换，资源管理权、指挥权、监督权都要兼顾，否则就会出乱子。这个目标如何达成呢？文中讲得不多，但答案其实道出来了，那就是流程！真正懂流程的人很少，所以一般人很难理解这点。那么，怎么变革或改进流程呢？纵向打通、横向打通！纵向打通就是打通后台与前线衔接流程，横向打通就是打通前线不同业务、不同作战单元之间的求助

第3章
布局：确定企业的基本管理框架

流程。

另外一家知名企业海尔也正在进行变革，以解决大企业效率与安全矛盾的课题。海尔采取的办法叫小微模式，就是以业务或项目为中心，将传统组织结构打散为一个个具有独立决策权、用人权、分配权并进行独立核算的小团队，这类小团队即被命名为"小微"。其目的是提升解决矛盾效率与灵活性（含创新性），这与华为"让听得见炮声的人能呼唤炮火"初衷是类似的，差异只是方法不同、路径不同。华为采取的模式是"白盒模式"，中央集权制这个大前提没有变，各方面机制、流程还都是由公司统一设计、管控，只是舞台升级了，方便舞者更好去跳舞，整体局面还是在公司严格掌控之下。海尔采取的模式接近"黑盒模式"，海尔是个大平台，在这个平台上的小微组织和公司之间不再是紧密的组织关系，小微组织有了更大的自主权，海尔只管小微组织的输出，至于小微内部怎么运作，是它自己的事。这有点分封制的味道，即在共天子的前提下，小诸侯们在自己领地内可以自行其是。华为模式能否成功的关键在于流程变革，海尔模式能否成功的关键在于利益分配导向。前者的主要风险是安全容易压倒效率，后者的主要风险是效率容易压倒安全。

不但规模越大的企业安全与效率平衡问题越突出，发展过于快速的企业也容易出现安全与效率平衡问题，主要表现为内控安全跟不上。互联网销售领域的两大巨头淘宝网和京东，在过去几年都出现过"小二"腐败问题，这绝非偶然。即使华为这种以管理见长的公司，其起步最晚、发展速度更快的终端业务，在2014年也爆出过一百多名员工涉腐的新闻。

安全与效率的平衡是个大命题，绝非取决于企业是否建立了所谓内控体系那么简单，也绝非是企业的一个独立管理模块，而是无处不在的。有业务的地方就有安全与效率平衡问题。安全与效率这对矛盾是全体系性的，必须从整体视角去面对，要有清醒的认识、明确的思路和指导性的处置原则。

四、何处人治，何处法治

在一个组织的内部运作中，人治与法治是永恒存在的命题。一个人治色彩过浓的组织是不稳定、不健康的，一个处处实现法治的组织也是不现实的，特别是企业这种依赖创造力与效率的组织。

第3章
布局：确定企业的基本管理框架

从支配人们行为的角度看，管理所要做的就是"造势"，让人们形成"如果a，那么b"的认知逻辑。而规则形成势的途径有三种：一是以管理者本身为支点，对"a"的判断取决于管理者，这个就是人治；二是以客观化、标准化的"a"为支点，"a"严格决定"b"，这个就是法治；三是以人们的认知本身为支点，也就是"如果a，那么b"的成立主要靠自觉，是一种自我约束，这个就是教化。所谓管理，都可视为这三种模式的混成应用，只是混成比例有不同。当把日常语境中的人治、法治、教化（德治）三个不同概念统一到了规则这一概念上之后，会发现所谓"何处人治，何处法治"的命题，其实就是"在不同场景下要何种'势'才是最优"的命题。

针对这个命题，我简要提出有关法治应用的三个原则：

第一，私欲易张（诱惑大，容易引诱私欲彰显）且对组织利益影响较大之处。所谓私欲，简单说，私欲就是贪嗔痴，境界修炼到传说中的圣人之前，人基本都有这三个毛病。自己难治的病，就需要用外力来治，这个外力就是"法"。为什么很多国家最高领导人任期有个强制性限制？比如，美国总统一届任期是 4 年，最多可以连任两届；中国最高领导人一届任期 5 年，可连任两届，其制度考量就是要"制私欲"。在企业史上为什么财务相关制度是最先发展起来的？因为财务这个特殊领域"私欲易张"，所以要强化法治。依据这个原则，可以很容易在企业范畴内找到那些符合这个特征，而应该特别强化法治之处。比如，在企业新产品上市这个环节上，应该强化集体决策（也是一种法治形态），因为个人决策容易主观因素放大，拘囿于自己偏好，失去充分的理性。再比如，在薪酬体系管理方面，也应该避免个人决定一切，要有个机制确保更广泛的参与，因为钱是老板出的，老板容易受局限，进而影响企业更大的利益。又比如，企业采购这个特殊领域，也应该优先控制在法治框架下。

事实上，真正有智慧的老板，在企业规模壮大之后，会主动给自己施加一些限制，以避免个人长期高处不胜寒，迷失了应有的理性，而这也是基于法治思维。

第二，人们之间不容易产生信任的利益分配处，体现最明显的是价值评价与价值分配领域，换成常用语言就是绩效考核、薪酬激励方面。从"势"这一概念去理解，员工会有一个疑虑，如果我真的玩

第 3 章
布局：确定企业的基本管理框架

命干了，是否真的能被公司认可我的努力？是否真的能获取相应的回报？如果企业缺乏法治性标准和规范，只是靠领导者主观去判断，那么这个"势"就不会很扎实，激励作用就会打折扣。我曾碰到过这种情况。深圳有家大型汽车经销商，给旗下每个4S店制定了奖励标准，到了年底发现有些店奖金太高了，就找借口往下砍，这种管理意味着什么不用多讲。所以"下挂面不加盐——有言在先"，最好的办法是通过法的形式让员工放心。

第三，多部门、多角色牵涉其中，容易"扯皮"之处。有句俗话叫作"屁股决定脑袋"，当人的觉悟境界不够（事实上，多数情况下多数人的自我觉悟境界是不够的）时，需要多部门、多角色协同进行的事情就容易出现分歧，因为都不想吃亏，都想省事，都认为自己的理解才是正确的，甚至都认为自己是为大局着想，结果就是事理不顺、办不好。这种情况下，"以法治之"是比较好的选择，能够保证效率。

人治也是必不可少的，业务本身需要创造性、需要权变，若不给予充分的空间，人们是无法施展的。在销售人员开拓业务的时候，若约束太死，他就无法临机应对，做出最好的选择。Google 公司有个著名的机构"X实验室",这个机构的条条框框是全公司最少的,它的使命就是发散性创造。小米也专门成立了一个"探索实验室",我想其定位应该和Google的"X实验室"类似。

实际运作中,最难之处不是那些泾渭分明可以判断该用法治还是该用人治的业务,而是那些"你中有我,我中有你"的业务,后者比前者在企业占比重更多。比如,一个好的产品研发体系,一方面,应该给予研发人员足够的自由权,条条框框不能太多;另外一方面,产品研发又是种商业行为,必须要能赚钱,所以又必须有条条框框予以约束。所以,产品需求定义不能全凭研发人员个人爱好,其中的器件选型工作应该从一个标准的器件库去选择以确保成本可控、质量可控。法治是很容易陷入教条主义的,所以,问题不是该不该法治,而是如何法治。法治必须遵循"事理",而"事理"必须基于对业务本身的深刻理解才能提炼出来。如果没有弄明白"事理",胡乱干预,则过犹不及,把情况搞得更坏。值得警惕的是,不管在企业还是在其他组织中,胡乱干预行为都是广泛存在的。

可以用放风筝来比喻法治与人治的关系,风代表着人治,线代表着法治,风筝能飞上天主要还是靠风，但是如果没有线，风筝就一定会失控，同时线的牵引（调整角度、调整拉力）也是让风发挥更大效用的必需条件。

总而言之，法治和人治并非水火不容，如果你感觉到水火不容，只是意味着你对"事理"的理解还没有到位。从"势"的概念看，法治和人治是统一的，都是为了形成"势"，它们的最佳应用取决于场景与人的素质能力。

第 4 章
组织设计如何驾驭人性

管理：以规则驾驭人性

一、打造有"战斗力"的组织架构

我早年间看黄仁宇先生的著作《万历十五年》时，第一次知道戚继光的"鸳鸯阵"。在书中，黄先生基于当时抗倭形势，详细描述了戚继光独创以"鸳鸯阵"为基础的新军队编制之始末。给我印象比较深的是，戚继光因地制宜的军事组织设计，不是按照惯例继承来的，也不是从哪本兵书上学来的，完全是针对倭寇特殊的作战方式而创立的。倭寇是小部队作战方式，战术素养很高，协同能力很强。之前，政府组织的传统战术模式下的"剿倭"努力基本都是失败的，哪怕是以兵力绝对占优的大部队围剿也同样不能奏效。在这个背景下，戚继光创立了基于自己独特构思的军事组织——戚家军。

戚家军的军事编制为伍、队、哨、营。其中，队是基础作战单位，由12个人构成，包括1名队长、1个伙夫和10个战士，每个队即形成一个"鸳鸯阵"，队形是"442"，战士们分工为长枪手、盾牌手、狼筅手、铛钯手。"鸳鸯阵"依靠的不是战士个

第 4 章
组织设计如何驾驭人性

人武艺,而是协同互补作战。这种小型混成作战组织在对付倭寇时表现出了惊人的效率,在抗倭战争中从未被倭寇击溃。

后来,戚继光调任蓟辽总兵抵御蒙古骑兵进犯,又创立了混成旅这一新的组织形式。一个混成旅有骑兵3000人,步兵4000人,重战车128辆,轻战车216辆,以及重炮(当时被称为"大将军")几门。混成旅中的"战车队"为戚继光新发明的基本作战单元,一辆战车装备"佛朗机"轻炮两门,配20名士兵,其中10人是直接附属于战车的炮手,负责释放佛郎机,另外10人被称为"杀手",间接属于战车,他们在距离战车25尺半径内应敌。

戚继光在军队组织形式与作战形式上的创举给了我们一个强烈的启示:**组织无定型,在其时其境能够发挥出最高"战斗力"是其最高原则。**

对人类来讲,世界的复杂性表现为万事万物几乎都是一个冰山模型,有水面之上的部分,有水面之下的部分。水面之上的部分是直观的、容易看到、容易形成印象的,而水面之下的部分是不直观的、不容易看到的,需要分析、假设、推理、验证等步骤才能知晓。人们最容易迷陷的一个状态就是:见显不见隐，见木不见林。相对于企业整体而言，企业的组织架构本身就是冰山上面的部分，是相对直观的；而既定组织架构的适应性与"战斗力"则属于冰山下面的部分，起决定性的作用，但不容易看清。企业易陷入的误区就是孤立看待组织问题，就组织而言组织，就局部而言组织，就模仿而言组织，而忽略了组织形式背后的根本——创造价值的效率。

企业存在的意义在于创造价值，价值创造是第一位的，组织分工必须服从价值创造、以价值创造的效率为最高原则。这也意味着，一个企业进行组织设计时，应先明了其价值管道，以价值管道为坐标评估怎样的组织分工与协作方式最有利于"合力"的最大化。比如，基于互联网销售的小米与基于传统销售渠道的OPPO、VIVO，两者价值管道是有差异的，这反映在组织架构上，也必有所差异。再比如，采购物料品种较单一的化工企业，与采购物料种类繁多的电子制造企业相比，其采购组织及运作模式必然会有差异。又比如，那些实质上只是做加工的企业，与那些真正做产品研发的企业相比，两者的研发部门是无法同日而语的。

第 4 章
组织设计如何驾驭人性

海南岛与大陆之间隔着琼州海峡，时至今日两岸最主要的运输方式还是船运。两岸有多家海运公司，其中最大的一家叫作海峡股份。2014 年以前，它的组织架构分部、室两级，但上面有一层虚拟层级是主管副总，其中有一副总主管几乎所有主业务，其主业务方面有三个船队和一个生产作业部，三个船队各相当于一个部级单位，生产作业部下辖调度、市场、客服三个室。当时存在如下几个关键问题：一是每个船队都"五脏俱全"，除了各自的客滚船舶，各自还有为数不少的业务员、岸基人员，因各自为政，资源共享度低，水手们对岸基人员冗员多特别不满；二是船舶调度室被低估了，在其价值管道中，这是一个枢纽部门，但实际上不太被人们重视，对调度的人员素质也无特别要求；三是因管理幅度过宽，主管副总有强烈的鞭长莫及的感觉。也就是说，这套组织架构配置不太合理，效率很低，冗员也多。

基于这些了解，以提升价值管道效率为宗旨，我在组织架构方面提出几个关键改变点：一是合并三个船队，进行功能性重组，成立一个船舶管理部，负责所有船舶的岸基工作，20 多条船舶直接向主管副总汇报工作；二是把船舶之外的调度、票务、业务、市场等关键职能各自成部，划归另外一名副总主管。

第一个改变中，合并三个船队，成立船舶管理部，一方面是提高资源共享，消除岸基冗员，另外一方面有助于实施统一的标准化、规范化的管理，船长是种很特殊的专业化职位，实际地位很高，船舶管理部作为一个部级单位管不了船长，所以船舶直接向主管副总汇报工作，而船舶管理部充当主管副总的助理角色。第二个改变中，首先是突出了调度的枢纽地位，让它实至名归，其次是把原来分散的票务、业务进行了集约化管理，这样有助于规范、高效。在此是隐含了制衡作用的，即把经营性活动与船舶管理本身进行分离，就像制造型企业把工厂与计划和物流部门进行分离，一方面有助于专业化，一方面还有制衡作用。这一套组织变革措施，主要是基于让价值管道更通畅、更高效的原则，同时兼顾了强化内控原则。

我常见到一些企业，它们的组织架构看起来很不错，部门名称也非常前卫，但当真正了解其中很多部门的职能之后，会发现根本不是么回事，"挂羊头卖狗肉"的情况很多，"东施效颦"的情况也很多，整体上看不到各个组织分支之间的逻辑集成性，当然就更不必妄谈价值创造最优了。

在理清企业价值管道的基础上，具体的组织分工设计本质上是平衡好三个矛盾，首先是平衡安全与效率的矛盾，其次是平衡专业化与协作性之间的矛盾，再次是平衡协作与制衡之间的矛盾。设计分工的同时也就是在设计协作，可谓一体之两面。可归纳几个要点如下：

（1）基于粗线条的价值管道勾勒出运筹学意义上的最优分工方案选项。如上面的船运公司案例，船队各自成了"小王国"，各有一套做法，本来可以共用的资源也没有共用，价值管道中处于枢纽位置的调度部门与调度人员又不被重视，没有充分发挥其该有的作用，这些都是运筹学意义的问题，迂路太多、资源浪费太多。又如，中广核集团下面有多个核电站，比如大亚湾核电站、台山核电站、宁德核电站、防城港核电站、红沿河核电站。以前各个核电站都是各有一套人员各自负责自己电站的所有运营、维修维护工作，2012 年始，中广核集团从各个核电站抽取专业人才成立一个叫作 CNOC 的专业公司，来承包各个核电站的大修业务、备件业务、培训业务。从运筹学角度看，这样做首先是做到了集团内部资源的最大共享，因为原来各方面的专才都只服务于他们隶属的那个核电站，现在可以服务于集团旗下的所有核电站；其次，这样做有利于更好地积累经验与专业化，虽然原来各核电站之间也有经验共享机制，但那毕竟是公司与公司之间的对接，不可能特别充分、到位，现在通过CNOC，就把所有经验都统一起来了。另外，专则精，CNOC聚焦在不宽的几个业务上，可以更好地提升专业化能力。

（2）从博弈视角审视可选方案可能存在的博弈干扰，优化方案或筹措必要的配套性措施。在上文船运公司的案例里，我专门提到，各个船舶直接向主管的公司副总汇报工作，但假如是安排这些船长向船舶管理部汇报工作，就有可能是不会落地的安排。为什么？因为船长这个职位很特殊，人才稀缺、"江湖地位"高、职业脾性大（这可能是职业特点吧），让他们隶属船舶管理部，是很难压服他们的，这是很现实的考虑。又比如，上面举的中广核集团成立CNOC，除了运筹学意义上有利于资源共用与专业化的好处之外，从博弈视角我们还可以推知，变革后容易出现CNOC和各核电站之间的扯皮现象，因为原来的责任都在各核电站身上，现在工作分解了，双方共同承担责任，那么，哪些是该我承担，哪些是该你承担，在不能尽数厘清的情况下，就很容易扯皮。所以必须要有配套的措施应对这个问题，比如 CNOC 要针对每个核电站设立专门的接口负责人，类似一个大的客户经理。这样，即使彼此间出现了纠扯，至少解决问题的通路还是明确的；又如，还要考虑 CNOC 内部的组织与人员如何分工，才能既兼顾到资源共用的目的，又兼顾到面对客户的责任完整性，等等。

（3）要审视分工后的组织职责覆盖面。是否漏掉了一些重要职责？是否有些工作无人负责、无人关注？这是个很现实的问题。在企业中发生这种事并不稀奇。

（4）要审视按照分工每个部门的责权利能否统一起来。这个考虑出自前文所述的"规则环"概念，如果各部门形成不了完整的规则环，组织分工的有效性就没有保障。我见过有企业按照客户分类成立了多个事业部，有的事业部研发人员明显不足，或软件研发人员不够，或结构研发人员不够，公司因成本控制也不准备给这些事业部再招聘人员。老板说：这些人员不足的事业部可以向别的事业部租借研发人员，各事业部彼此帮忙合作就行了。这个做法就是没有把责权利统一起来,脱离了对人性的尊重,是不现实的。

(5)组织层级是否合适也应被考虑。虽然人们普遍认为组织应该扁平化,但仅仅靠这个大致的原则还无法直接解决现实组织分工中碰到的各种情况。后面有专门一节论述这个问题。

(6)组织设计也要考虑现实人事因素。虽然教科书式的思想告诉大家,不要因人设岗、因人设组织,但在实际企业管理中,现实人事因素是无法不考虑的,必要的妥协、必要的苟且还是会有的。但一定要本着本末有序的原则,不可无原则地妥协。

价值管道决定组织架构这一理念,对国内企业有更大的警醒作用。为什么?因为按照国人的传统,总是重于"见人"而疏于"见事",也即关注人胜过关注事(比如西方历史学家是按照历史事件写史的,咱们则是以"为人物立传"方式写史的),而价值管道决定组织架构是以"事"为出发点的。并非人不重要,实因事已经把人包裹进去了。所以进行组织设计时,要按照"事"第一,"人"第二的原则排序。

第4章
组织设计如何驾驭人性

二、组织设计就是博弈

"你见或不见,它就在那里"。当人们设计一套组织架构的时候,一定会有一个如影随形的"副产品"伴随,尽管很少有人把副产品本身作为设计初衷,但它确是一定会存在的,这个"副产品"就是:当构建并落实了一套组织架构后,也必然意味着建立了一个多方博弈格局,分工后的各部门是博弈的天然参与者。历史的发展,当然也包括企业的发展,道理上不应该围绕博弈本身推进,而应该围绕生产力与效率推进,但在真实的历史中,博弈本身往往成为发展的原动力。所以这种"发展"才有时是向前的,有时是停滞或向后的。历史与政治如此,企业也是如此。

当汉武帝建立了大将军制后,朝廷的各种博弈关系中,皇帝(一般是弱帝)、外戚掌握的内朝、丞相领衔的外朝之间的三角博弈关系就成为主旋律,从霍光到王莽,一向如此。最后,西汉亡于王莽篡位。到了东汉中后期,为了牵制日益强势的外戚势力,皇帝又扶植了宦官势力,这样内朝不但有外戚担任的大将军,还有宦官势力,朝廷主博弈就演变为皇帝、宦官、外戚、外朝百官、地方封疆大吏之间的博弈,前三者之间的博弈是核心。最终,东汉亡于宦官与外戚的争斗(《三国志》详细记载了这段历史)。细读历史会发现,皇帝设置新组织新势力时都是主动的,都是为了解决当时的短期问题。比如汉武帝设大将军(霍光)领内朝,是因为皇帝年幼需要自己人辅佐,而同姓诸王一定意义上也有法定的皇位继承权,属于竞争者,所以不能用,那就用外戚。又如,东汉皇帝重用宦官是因要对付外戚势力,皇帝没放心的人可用,而宦官们自幼为伴、朝夕相处,并且是"孤家寡人",看起来最放心,所以就扶植宦官集团以对抗外戚势力。但历史证明,新组织新势力一旦产生,就很难再让它平静退场了,皇帝也无能为力。

明太祖朱元璋废宰相制,建立大学士内阁制,这相当于自己兼任宰相,大学士们做秘书。初期的明太祖、明成祖本身都是通过战争锤炼出来的政治强人,自己兼任宰相是没有问题的,但后面继位的皇帝就跟不上了。按明太祖规定,内阁大学士们在程序上不能单独行事,所有事情都需要皇帝批红,但是不少皇帝能力、精力跟不上,就找太监代批;

并且皇帝不愿意当面见那些饱学的大学士们，觉得不舒坦，有话通过太监来传达；同时，皇帝也想用太监制衡外朝，比如在锦衣卫之外又建立了太监掌控的东厂。于是，明朝宦官势力全面崛起，正式编制上太监有24个衙门，分12监、4司、8局，其中几个比较知名的关键岗位有掌印太监、秉笔太监、东厂提督。太监成为明朝政治组织里非常重要的一个子组织，太监在之后几代政治博弈中几乎从未缺席。

虽然从微观层面看到的只是活生生的人和人之间的博弈，但拉宽历史的眼界后，会看到的是发生在组织部门之间建制性的博弈。所以，虽然各种博弈并非完全是组织分工建制的产物，但组织分工建制是影响博弈格局的基础因素。

在企业管理领域，企业设定一套既定的组织分工模式，从本意上一定是以让企业业务或职能效率能够良好发挥为前提的，但组织部门之间的博弈又是必然存在的，并且会不以企业最高意志为转移地对组织效率产生干扰作用。

有家规模不小的集团企业，下辖六个子公司，其中一个子公司主业是生产手机配套件（后面称为

M子公司)。因近几年手机行业的迅猛发展,这个子公司业务也几乎每年以翻番速度发展,很快其收入就占到了全集团的四分之三。这家公司很重视信息化,IT部门直属于集团管理,开始逐一实施ERP系统。M子公司率先实施的ERP,取代了它以前用的一个较弱的国内ERP版本。ERP实施后,M子公司发现与ERP使用相关的问题不降反升,这是因为新实施ERP的很多功能没有做到位,该串联的功能也没有串联起来,而公司业务数据重心却已经都转移到ERP上了。于是M子司和集团IT部沟通,希望能做一个ERP二次优化项目,把它面临的关键ERP问题给解决一部分,结果沟通了多轮,还是没有结果。集团IT部总监的回应是,集团还有两个子公司尚没有实施ERP,按照集团IT部年度工作计划,一年之内一定要让这两个子公司ERP上线,而IT部门总共才20多个人,只能把工作重心放到这两个新实施ERP的子公司身上,M子公司的已经属于上线了的,是做二次优化,所以需求排序上要在更后面。M子公司的代表说,M子公司业务占到集团四分之三,对集团更重要,应该重要实事先做。IT部门总监说,这和业务比重关系不大,他们对待各成员公司要一视同仁。

第4章
组织设计如何驾驭人性

这个例子中，我看到的都是组织行为，不是个人行为，虽然这个结果不是这家集团效率上最优的选择（从效率角度，M子公司是主业务，应该优先支持），但在其既定的集团建制中，这个结果却是一个"正常"的结果。

从运筹学角度讲，在一个部门职能完全不变的情况下，其组织归属应该不会影响职能发挥，但现实中完全不是这样的，其组织归属会决定其利益计算模式，其博弈方向、方式、选择都会跟着组织建制走。

又如电子制造业的工程部门，有些公司把它划归研发系统，有些公司把它划入制造系统。当它属于研发系统时，与工程技术人员与研发设计人员的合作就会更密切，图纸的转换、对变更的应变等都会比较顺，但与制造部门的合作又有较大缝隙，不太了解制造的具体情况，有些技术要求制造部门执行得也不好；当它属于制造系统时，与制造部门合作就会变得更顺一些，但与研发的衔接又会不太及时、不太精准。

总而言之，企业设计组织架构时，第一无疑就是要从运筹学角度上去追求价值效率，第二要考虑的就是组织博弈的现实影响。**新组织架构设定后，**

必然意味着开辟了一个新的博弈局面。所以，应该先进行"庙算"，"多算多胜，少算少胜"，如果过于短视，就会"得一失十"。组织设计时在坚持价值管道第一的基础上，内核上主要是平衡好安全与效率、专业化与协作、协作与制衡这三对矛盾，外在表现上则主要是平衡好"央地关系""制衡关系""上下游关系"，而这三类关系必须从博弈的视角才能看全、看透。

"**央地关系**"，对企业而言，就是总部与分支机构的关系。粗线条而言，"央地关系"有两种基本模式，一种是"封建制"（即诸侯制），一种是"郡县制"（职能制），国家如此，企业也是如此。纯粹的本地化管理意味着"诸侯制"，纯粹的组织垂直管理模式就是"郡县制"。大多数企业选择的是"郡县制"模式，但在具体细节上不一定是很纯粹的"郡县制"，这样做也并不现实，一方面是可行性问题，另一方面是效率问题，因此，现实中更可能是介于"诸侯制"与"郡县制"之间的灰度存在。

在企业中，直接涉及"央地"关系的部门一般有财务部门、HR部门、IT部门、后勤部门、采购部门等。在"央地关系"中，分工往往就意味着给定了某个部门处于什么样的博弈立场，是本地的立场，还是总部的立场？我们无法凭空地或一刀切地去确定何种分工方式最好，而是要先明了企业真实的外部环境与内部条件，再通过细分找出不同特性的职能分支，在这个更细的层面进行区分。比如 HR 部门，企业级的 HR 战略与政策必须是全局遵循的，某个级别以上人员相关人事事项直接归属总部 HR，但这个级别以下的人事管理实务则归本地 HR。有关"央地关系"更详细的论述将在"矩阵式管理"小节里论述，此处不赘述。

"**制衡关系**"。企业中财务、审计、品质等几个部门天然就有监督的职能，它们要对一般业务部门形成制衡关系。但除了审计部门，财务、品质和其他业务部门在有制衡关系的同时，也有很强的协作关系。所以，虽然书面化分工职责容易描述，但在实际操作中拿捏一个合适的度很不容易。比如，在应付款事项上，财务与采购除了有监督关系，还有上下游协作以完成业务的合作关系。我经常见到不同企业中这两个部门协作不畅，给供应商的预付款付不出去，进而影响到供应或服务。我还见过一家北方企业的供应商，必须要认识或去公关财务部，自己的应收款才能被顺利地安排付出。品质部门在与制造、研发、工程等部门的关系中，找不到合适定位的情况更多。虽然品质部门的天职是对质量负责，但品质部门"宁错勿放"的粗放执法，往往会给公司造成很多不必要的成本。对待这种部门及与周边关系，应有一个公司级的定位原则作为指引，然后在容易出现协作问题的细节上去强化标准与流程。其实，这些也是组织分工工作的重要构成部分。

"上下游关系"，主调是协作。组织分工对协作的基础影响是显而易见的。要奠定好上下游部门协作的基础，需要精细的组织分工，粗放、大略的分工解决不好协作问题。所谓精细的组织分工，就是沿着价值管道，把部门与部门之间的主要接口理清楚，在容易扯皮之处尽量澄清、明确，最后再通过详细的流程串联起来。比如说，现实中销售与研发的关系，并不是如一般人所理解的销售负责找客户拿项目，研发负责按照客户要求进行设计那样简单，更常见的情况是，因销售部门把客户需求传递得不完整，导致研发在不正确的信息指引下展开工作；又或因销售人员不能"管理"客户或自身失误，导致频繁的、不必要的设计要求变更。再如，生产计划与车间的关系，道理上是计划部门输出排产计划，车间照着做就行了。但现实中，这里面隐含了大量的博弈点，制造部门说计划部门制定的计划脱离实

第4章
组织设计如何驾驭人性

际,因缺料或工具不到位而不能生产;计划部门说制造部门没有如实把发生变动的生产条件上报,导致做计划时信息失真等。总而言之,在上下游部门接口的细节处往往容易存在不良博弈,组织分工时应关注到接口细节层面。

其实,上下游关系里面还经常附带制衡关系,而这点容易被忽视。比如,仓库应在生产领料数量上对车间形成一种监督,因为车间所入所出都会到仓库,仓库功能若足够强大,可以监督到车间的用料、良率、浪费等情况,因为仓库所获得的数据同车间自己所上报的质量不一样。好的组织分工设计应该充分发挥这些潜在可用之处的价值。协作与制衡融为一体的组织设计是最复杂的,品质部门算是一个典型,它与研发、工程、采购、制造等都有不同维度的制衡与协作关系。另外一个典型是采购部门。为了采购安全,多数国企在采购分工形式上强调制衡,如采购职能中的商务性工作归属商务部门,技术性工作归属专业部门,两个部门各干各的,这突出了制衡作用,但忽略了协作关系,当商务部门不顾专业部门实际需求一味压低价格时,往往容易伤害到公司业务。

《中庸》曰:"喜怒哀乐之未发,谓之中,发而皆中节，谓之和；中也者，天下之大本也；和也者，天下之达道也。"这是从个人修养角度讲中和，我认为这也可以移植到组织身上。企业运作机制就是企业的修养，好的组织分工与运作流程应该在洞悉人性的基础上，知其可能的博弈所在，此可谓"中"；让博弈皆不出彀中，此可谓"和"。有中和，则企业尽在可驭中。

三、如何控制组织臃肿

组织之常弊，为层次繁多、机构臃肿，官僚而低效。往往一个组织起始阶段并不繁复，随着日月推进，就温水煮青蛙式地臃肿起来，这几乎是个颠扑不破的道理。

西汉承秦制，实行的是郡县两级地方政府制。全国一共100多个郡，平均一个郡管辖10~20个县。后世史家多推崇汉制，认为从汉到清，以西汉两级地方政府制是最好的。西汉后期，为加强对地方政府的监管，把全国划分为13个州，每州包括数郡，然后每个州派遣一个刺史，刺史属监督官员，代表政府去巡察地方治理。到了东汉,刺史成了常驻地方的最高行政军事长官,被称为州牧。这样地方政府就成为州、郡、县三级架构。

经过六朝演变,到了唐代,州取代了郡,郡这个编制消失了。这个时候的州比东汉的州小了很多,唐代有358个州,不过唐代的县和州又都各自分大中小三级。武则天以后,唐开始设观察使,全国分为10个道,每个道设一名观察使,观察使最初也是属于御史类官员,行监察地方治理之职。边防重地的观察使有更大的授权,可以对地方事务随宜应付,临时得以全权支配,这种观察使就是节度使。同汉代发展轨迹一样,后来观察使和节度使常驻地方,就成了地方最高长官。于是,唐代地方政府也由县、州二级变成了县、州、道三级。后来的事大家都知道了,节度使权力太大,尾大不掉,遂成藩镇割据形态。唐最后亡于此。

到了宋代,还是三级地方政府制,但取消了道,建立了路,全国分为15~20个路,每个路有4个平行的长官,分别管兵工民事、财务、司法、救恤水利,这样宋代的府(州)、县两级就要奉承四个上司。宋代与唐代的另外一大区别是进一步压缩了地方权力,地方军权、财权全部集中到中央。

到了元代，在沿袭宋代路、府（州）、县的基础上，创立了一个沿用至今的新概念——省，省的本义是行中书省，中书省就是宰相府，元朝的意思就是中央宰相府派遣一个分支机构到地方上掌权，其长官相当于外驻的一个宰相。这同汉之刺史、唐之观察使有很大不同，汉、唐初衷是监督监察，渐而发展为地方最高机构，元朝的省则是中央直接派出分支管理机构，这是因元属少数民族掌权，不放心地方，所以由中央直派。

到了明代，省建制成为正式的最高地方政府编制，长官改称为承宣布政使，省这一名字也改为布政使司，全国分为13个布政使司。明朝时的巡抚与总督不是常设官职，临时有事才设立，事完撤销，所以最高地方长官是布政使。明代在布政使司和府州这一级之间又产生了一个新层级，这个层级是布政使司派出的分司，专管行政、司法、军事其中的一块，这个层级被称为道。

到了清代，总督与巡抚成为正式的地方行政首长，布政使成为其下属，这种安排主要还是从军事统制角度出发的。清代的地方官员就成为五级制，由县令到知府，到道员，到布政使，再到巡抚或总督。

第 4 章
组织设计如何驾驭人性

中华人民共和国建立之初县这一级上面就是省，后来省开始向外派出分支机构，负责协调十几个县的工作，叫作行政公署，负责人叫行署专员。1970年的时候，行政公署正式改为地区，1983年地区又改为地级市，成了目前的样子。

综观历史上地方政府层级演变史，会发现政府层级由少变多，主要是因为中央政府的私欲，不放心地方政府，就用人事方法（相对于制度方法）解决问题。从中央派机构下去监察或督管，属于权术的范畴，这在元清两代体现尤为明显。本是临时措施，但时间一长，这个派出架构转而固化为地方机构，成为制度。如此反复，使得地方层级总是减不下来。中央政府的心思可以用电视剧《康熙王朝》里面的一幕做个注解：

康熙准备除鳌拜，派魏东亭去暗中执行。康熙送走魏东亭以后，自言自语："鳌拜背叛我了，我用魏东亭对付他，如果魏东亭也背叛我了怎么办？"当时苏麻喇姑正在他身后倒茶，吓得打翻茶盏，惊恐之余忙说："奴婢罪过！"

明末清初的大学者王夫之在《黄书》里说：山东省有六个府，但有十六个分司（即道，道比府层次高，但道是按行政、司法、军事分别设的）；山西省五府，有十三个分司；陕西省八府，有二十四个分司；四川省九府，有十七个分司。这样管官的官多，管民的官少。管民的官要投入更多的精力到奉承上级官，也就没有太多心思管民了。与王夫之同时的另一大学者顾炎武在《日知录》中做过如下评述：天下太平，则小官多大官少；天下大乱，则必然是大官多小官少。

读史可以明智。应该说，历史上地方政府机构之所以层级繁多，是中央和地方不良博弈的结果。中央总是企图通过人事（权术）的方式去强化统制，开始往往只是临时之计，后来有了依赖性，也有了无可奈何，最终就成为得过且过的制度。而地方政府内部，因潜规则的规律，也必会不断增加冗员（吴思《潜规则》有论述）。于是地方政府机构整体上就越来越臃肿，效率就越来越低。用现代的语言说，就是纳税人要养越来越多的官员。

企业管理能否从历代王朝机构层级演变史中有所借鉴呢？我看能。关键在于对私欲的掌控，凡事有个度，过则伤己。解决一个问题总有多种途径，

第4章
组织设计如何驾驭人性

不应该专务于权术一个方面。另外，前面我也讲过，安全与效率的矛盾是任何一个组织都面临的问题，当不顾一切去保证组织"安全"时，必然会不适当地牺牲组织效率，这就是过度私欲的表现。如果把问题的核心看通透了，组织层级臃肿问题也就有了解决思路。

治国之要在于治吏，治企业之要也在于对管理者的管理，管理层级是其中重要的一项内容。管理层级多了，一般意味着更重控制、更重安全；管理层级少了，一般意味着更重发挥、更重效率。管理层级少意味着给下面的授权是大的，比如西汉郡县二级建制时代郡守、县令的自主权绝非明清时的知府、县令可比，而西汉的行政效率是极高的。相反，管理层级多了，上下管理岗位的工作内容一定是有重叠的，一般是上级夺了下级该做的事，比如清朝有了巡抚，就干了明朝时该属于布政使的很多工作。很多企业的经理、总监、主管副总职能常常是重叠的，特别是总监和主管副总之间（非常多的企业喜欢设置一大堆副总）。导致管理层级存在着很大的重叠臃肿。比起古代帝王，现代企业层级中存在的"私欲"还多了一项，帝王们主要还是从统治安全角度考虑，企业老板们除了安全，还会从"排场"角度考虑，因为设立一堆高管职位，让自己感觉企业很强大似的。

物理学上有个概念叫作传输损耗，套用在管理中同样有效。管理层级多了，信息链、决策链就会变长，传输损耗就会变大。导致损耗变大的不仅仅是路径与节点本身（这点并不太可怕，随着现在信息技术手段的发展很大程度上可以缓解纯路径损耗），最可怕的是每个节点上活生生的人，因为他的私利与立场，导致多余的博弈行为。人之私欲很难完全消除，也不是靠层级就能改变的，但相对而言，层级越少，就越能减少这种干扰。

在企业组织架构设计中，控制层级、责权利配称是两个基本原则。在这两个原则基础上，应依循如下几个要点来确定具体层级：

第一，适当的专业分类。专业分类过细，会导致层级太多；专业分类太泛，容易出现管理者在专业上能力经验不足，影响其管理职能的发挥。这个"适当"取决于企业规模、专业化程度要求等条件。比如，手机研发里面的软件研发，粗略可以作为一个软件部，但如果继续细分下去，又可以分为协议开发、驱动开发、系统开发、应用软件等。一个大品牌的手机企业或许会分得更细，但一个小型手机企业不需要这么细分。

第二，管理者对管理幅度的精力匹配。一个人的精力和时间总是有限的，当管理幅度过宽时，管理者的精力可能不足以应对，容易出现管理失效。我一直不太相信那些言之凿凿地给出管理幅度是8人或者9人的论断，因为影响实际管理幅度的因素很多，比如管理者的具体管理风格、企业管理流程完善度、企业数字化程度等，不同环境下差异会很大。不过，"管理幅度是有限的"这一条是有道理的。在具体解决管理幅度问题上是有可缓解的办法的，即建立专业助理团队。助理团队把常规性工作处理好，让主要负责人有更多精力关注关键与总体事项。比如研发项目管理，如果用的管理方式不当，四五个研发项目就可能耗尽一个研发总监的精力；但如果管理方式得当，有助理团队帮助处理好项目管理中的各种日常信息与状态，项目管理幅度可以扩展到几十个。在中国政治制度史上，最为史家称道的西汉有100多个郡，宰相府十三曹（相当于宰相的专业助理团队）管理得井井有条，这其中既有广泛向下授权的因素，也有宰相府管理有道的因素。

第三，授权程度。如果授权程度大，就不需要设置那么多层次，而对被授权人多有狐疑，就必然需要比较多的层次加以防范。我认为，在现实风气下，多数人对授权的认识有偏颇，他们认为授权就是给个"土皇帝"做，"我的地盘我做主"。这种认知导致了管理上下级之间的很多困惑。所谓"海阔凭鱼跃，天高任鸟飞"，鱼与鸟之自由本就是有边界而不是无边界的，鱼始终不能跳出海的边界，鸟也不能冲出天的边界，但因人们不正确的认知，把这个问题搅得很浑。所谓"疑人不用，用人不疑"，并不是给你做"土皇帝"，而是有规程约束的。规程其实是保障上下彼此信任的好东西。说到底，我认为还是"私欲"问题，上级有不当的私欲，才会不断剥夺下级的权限；下级有不当的私欲，才会老想当"土皇帝"。私欲的不当发挥，结果必然是双输的。这个里面还有非常关键的一点，就是制度规程本身的合理性。如果制度规程不切实际，要么会束缚下级的发挥，要么会是一张废纸，不能对下级有实质性的约束。所以，仅仅停留在"用人不疑，疑人不用"认知层次的人，是不足以与其讨论这些问题的。

第三，流程完善程度与管理手段的强弱。我们可以把企业的流程完善程度与管理手段比喻为企业的"内功"，"内功"的强弱是组织分工的重要基础因素。"内功"强了，就不必过多依靠"人盯人"

第4章
组织设计如何驾驭人性

的传统手段，层次就可以减少，管理幅度也就可以扩大。像"7-11"这样的商业组织，全球有数以万计的分店，若依照一个管理者直接管理7个或8个下属的理论，不知道要有多少层级，但事实上"7-11"层级没有那么多。又比如，农业在生产手段现代化后，几百亩甚至几千亩农用地就可以作为一个农场由几个人搞定；而在生产手段落后时，则需要庞大的人群、多级的组织才能搞定。黄仁宇先生论中国大历史，认为工业革命之前交通通信技术落后，中国又是疆域如此广阔，要保证中央集权，所以制度势必是一刀切的，要低标准（即以经济低度发展地区的情形作为基础）、一致化。而当代交通、通信技术手段已经极度发达，不管是政府还是跨地域的大型企业，实可以制定差异化的制度以适应不同的地域情况或分类业务情况。这点如果能做好，就不必以繁杂的多级层次以保证上层政策的落实，能在不影响安全内控度的情况下，减少层次、加强授权。我们可以归纳出一点：**制度流程越不健全的组织，势必采取"人盯人"的管理方式，组织层级势必越来越繁。而当制度流程完善后，则不必过分依赖"人盯人"的业务驱动方式，而是靠流程驱动，组织层级也就不必需要那么多。**

第四，组织职责宽度应能保证目标聚焦。当某一级组织承担的目标过于宽泛时，是不利于聚焦的。所以，这个时候应该分开组织。很多大牌科技型企业的产品研发与技术研发为什么是分开的，因为当二者并在一处不做区分时，团队的注意力一定都会跑到产品研发上去了，技术研发会被冷落。我有一个做摄像头的客户，其产品是多元跨行业的，有手机用的摄像头，有医用、工业用的摄像头，但是在组织上它们并没有区分。2011年的时候我就讲，要想把非手机摄像头业务做起来，组织就要分开，否则发展不起来，因为手机摄像头业务太强势了，行业趋势太好了，会把资源和注意力都抢过去。但是他们一直没有区分，这几年过去了，非手机类摄像头业务发展如预料那样，没有实质性的进步。从原理上分析这件事，每个组织都会对其业务自我排序，确定目标的轻重缓急，当有些业务或目标不占主要地位时，它永远获得不了足够的重视。

第五，"协调作战"与内控是增加组织层次的"唯二"合理的理由。比如，清朝时设立陕甘总督一职，最初实是为了西北打仗。打仗打的是粮草，陕西总督的核心职能就是协调筹措粮草。在康熙至乾隆年间的战争时期，设立陕甘总督一职是有其道理

第 4 章
组织设计如何驾驭人性

的。但当战争结束后,还保留这么一个多出来的层级就实在是没有道理可言了。就企业来说,市场与采购两个领域的层次多,是为了"协调作战"。很多情况下,市场竞争需要跨地域统一作战,采购设立大层级统一组织是为了利用量的杠杆和统一供应商质量标准。而至于"内控",多数情况下为强化内控而设计出更多的组织层级,则是一种懒政。因为办法本来不是只有增加监控层级这一种,只是这一种最省事而已,如元朝设置行中书省,就是用朝廷放心的蒙古人来控制汉族。清朝情况也类似,纵其一朝行使内控职责的总督、巡抚二职,在曾国藩、左宗棠、李鸿章他们剿灭太平天国而使汉臣崛起以前,基本全是旗人担任的。

第六,不必追求形式美。组织设计讲究的是实用,不必追求几何学或美学意义上的对称、一致,或者是级别意义上的"公平"。但现实中很多组织在进行组织设计时,总不能跳出这个怪圈子。举个例子,现代军队的"师"这一级的编制,不必强求下一级单位都是团,可以有团、可以有旅、可以有营,比如步兵师就可以配一个炮兵营。级别本身不是第一位的,企业的组织设计也是一个道理。比如,企业划分事业部,太弱小的业务不必设定为一个事业部级别的编制，可以是级别更低的部门编制；又如企业组织编制层级有中心、部、处三级，不必把中心下属单位都建制为部，规模小的部门就可以保留处级编制。

第七，地理位置限制。随着信息技术的进步，远距离沟通已经不成问题。但事实上，从组织设置角度看，信息沟通的方便性并不足以让企业忽略掉地域限制，因为广义的沟通还有现场管理方面的限制，不是远距离通讯模式可以全部支撑的。所以，地域是组织分工中要考虑的一个重要方面。我见过有的企业组织设计无视地域差别，很多中低层次部门都是跨地域的，结果其组织机关不常驻的地域，管理基本都是一团糟。

总而言之，多层次的组织架构其实是容易驾驭的，扁平化组织架构倒是有"技术"难度的。多层次架构只要各级组织建立起来，各级管理者上岗，一个低度要求的组织就成型了；而扁平化组织架构要真正驾驭运作，需要的"软件"（各种制度、流程、标准与规范、管理者素质等）支持是更多的，必须要下真功夫构建齐全。

四、决策与执行分离

1988年,英国政府实施政府组织改革,推行行政决策权与执行权分离制度,将中央政府各部的执行性事务剥离出去,交由新设立的执行局(executive agency)承担,而中央各部则专司政策制定。英国政府此项改革深刻地影响了英国中央政府的组织结构、管理方式和文化,大大提高了政府决策水平与服务质量,被新西兰、澳大利亚、加拿大、韩国等多国仿效。

为什么英国要实施执行局改革?在之前传统模式下,各部同时负责决策与执行,形成了一种惰性文化,即官员们更多地关注如何避免犯错,而非提高其工作实效。撒切尔夫人上台后,认为政府效率低下、机构臃肿、管理混乱、回应社会不足。为此,她组织进行了现状调查,最后得出如下主要结论:

(1)"弱政府强部门""政府权力部门化",政府政策制定往往受制于部门利益的干扰,决策效率低下。

（2）虽然有95%的文官从事提供服务的工作或履行执行职能，但这些工作在部内未受到充分关注（相对于政策制定的工作而言）。

（3）高级文官们普遍缺乏提供服务方面的管理技能和工作经验。

（4）过分地关注如何花钱，但对于花钱后得到什么样的结果却不够重视。

（5）整个文官部门太过庞大和多样性，难以作为一个单一组织来进行管理。

基于以上结论，英国实施了执行局变革。执行局被界定为一个独立的业务部门，由执行局长（chief executive）领导，就执行局的日常管理工作向部长负责。部长负责分配资源，设定年度任务目标。在可用的资源范围内，执行局有权决定以何种最有效的方式来运行，完成工作。20世纪90年代中期以后，执行局成为英国中央政府提供服务的最主要组织形式。

英文"政府"（government）一词的词根源于希腊文，本意是"掌舵"。如果我们视决策为掌舵，执行和提供服务则为划桨。其实，政府更重要的职责是掌舵，且政府也不太擅长划桨。如果想同时做好掌舵和划桨，则会严重削弱政府的决策能力。所以，决策与执行的分离是一种进步。

早在公元618年，唐朝政府就实施了决策与执行分离的三省制度。唐高祖时建立了中书、门下与尚书三省，中书省与门下省相当于决策机关，其中中书省是发布政令的机构，门下省是审核机构，二者有被称作"政事堂"的联席会议，而尚书省则是政务执行机构，下辖六部。这个制度不可不谓科学，不过到元、明、清三朝时已经消亡。就三省制本身来讲，加强了中央政令的统一性（政令由中书、门下统一制定，六部是执行机构），提高了行政效率，权力之间还有了制衡，所以是个好制度。

就现代企业管理而言，决策与执行分离制度有着很大的现实意义，并被不少企业采用。最典型的是委员会制，比如研发管理委员会、薪酬委员会、全面预算委员会、市场管理委员会等，委员会成员来自公司领导层及相关业务或职能部门的负责人，还可以有来自外部的专家。如果运行得当，相当于各业务或职能领域的决策由委员会制定，而对口的业务或职能部门扮演的是执行角色。委员会制的好处是集体决策、集思广益，这样决策可以避免因部门立场带来的局限性，确保更好的全局视野与公允性。不过，企业要把委员会制运作好也非易事。我见过很多企业建立了很多委员会，却都是花架子，没有实际效用。但不管怎么说，委员会制本身是个不错的制度，要看怎么去用。有些企业把采购组织分为采购专家团与采购执行部两部分，前者负责供应商管理与商务谈判，后者主要负责订单履行，这正是基于决策与执行分离的原理。不少企业建立了市场部与销售部，二者关系也属于决策与执行分离。

五、矩阵式管理

对现代企业来讲，矩阵式组织管理模式是绕不过去的一个话题，因为这关系到资源效能发挥、组织效率问题。不同模式的组织，博弈格局差别很大，博弈耗损差别也很大，进而影响到组织整体效能与效率。当组织规模较小时，传统直线式组织模式是可以应对的，但随着组织规模、业务类别的扩充，各级组织必须承担多维度的工作目标，矩阵式管理模式就成为绕不过的一个话题。国内多数企业还不太习惯矩阵式管理模式，真正把矩阵式管理模式运用娴熟的很少，但要想成为一家真正运营优秀的企业，就必须努力使自己掌握和习惯矩阵式管理模式。我把常见的矩阵式管理情况归纳为三种主要类型，下面逐一进行分析。

其一，职能部门的矩阵化管理。

职能部门的矩阵化管理模式有着悠久的历史，可以说从秦汉郡县制起，到当前中国的省市县制，都在应用职能部门矩阵化管理模式。比如，国家层面有公安部、省层面有公安厅、市层面有市公安局、县层面有县公安局，再往下还有派出所。每一层机构都是接受双重领导，一是本层级的政府领导，二是上级对口机构的领导。大规模企业也是这样，总部有财务、人力资源、IT、行政后勤等部门，分支机构也同样有对应的下级职能部门。

虽然这种模式历史悠久，但我认为其从来没有真正以理想的、不偏不倚的专业化模式运作过。也就是说，部门对待双重领导，总是有厚有薄、有实有虚，达不到设计初衷之理性、客观、公允的运作状态。两千多年来，政府建制中的职能部门矩阵化管理总趋势，是由"横向重、竖向轻"向"竖向重、横向轻"演进的。这背后是中央集权专制的不断加强。通俗地讲，博弈是跟着利益走的，哪头的利益影响大，就跟着哪头走。问题是局部利益与整体效率并不同向，所以，真正把职能部门矩阵式管理运用好的案例很少。

能把矩阵式管理运作到真正平衡的状态，绝非只依靠思想教育、人员选拔就能做到，真正的解决之道还是在制度化、流程化。制度化、流程化的本质是塑造有利于组织整体的矢量型博弈空间，引导博弈、驾驭博弈，从而减少博弈损耗。具体说来，假如制度、流程有大面积的空白，在博弈中谋私的空间就很大，博弈会愈演愈烈；如果制度与流程合理压缩了谋私空间，垂直管理这个方向就可以更大程度"少为"，而让现场运作更好地遵照本地化需求灵活展开。举个例子，如果一个企业的 HR 制度与标准比较完善，上级 HR 机关就不必事无巨细介入到下级的日常事项处理中；相反，如果 HR 没有什么制度标准，公司为求放心和掌控，就只好让总部 HR 事无巨细介入到下级 HR 事务中。只有高质量的制度流程才能起到正向作用，低质量的制度流程则会适得其反，或者会使下级部门事实上失去控制，或者会让下级部门失去必要的应对灵活性。

当然，设计出合理的、务实的制度流程并非易事。依据多年咨询经验，我为企业总部职能部门总结出了几个基本的定位：

（1）本领域规则的设计者与维护者。这是体现总部职能部门真正专业能力的关键功能，这个定位一方面包含了"管控"成分，另一方面包含了"服务"成分，二者不可偏废。"管控"成分是站在内控安全角度引申出的，"服务"成分是站在效率和客户导向角度引申出的。在企业实践中，"服务"更容易被忽视，应以此为戒。我们讲"事""政"有别，"事"就是具体的事务介入与处理，"政"就是规则制度的建立与维护，我在不同企业见到的普遍情况是，总部职能部门重"事"轻"政"，这说明职能部门对自身组织定位的认知还不到位，要提升自身格局。

（2）本领域规则执行的统筹者与监督者。重心在落实，落实必有统筹，也必有监督才可，否则规则设计也就没意义了。

（3）本领域人才发现与培养者。其实就是资源建设职责，这项工作并不是关起门来自己做就好，而是要广听广议、集思广益。

（4）本领域的知识中心。这个功能其实是第一个定位的应有之义，不精熟专业、不广泛掌握相关知识、经验与教训，就做不好规则设计与维护工作。

（5）在专业领域扮演企业最高决策层的智囊角

色。企业决策是项复合性的工作，需要各专业口的专业意见的支撑。

（6）重大事项的审批者。这个功能是相当多企业职能部门事实上的主业，这正说明了很多职能部门重"事"轻"政"。直接审批事项的总数量越少越好，但也不可硬生生砍掉，而是要通过机制化的建设，自然降低其数量。

需要特别说明的是，组织不同职能的具体管理结构应该是有差异的，这由组织内外部环境及组织战略意图所决定。比如说，财务和 HR 都是企业的职能，很多情况下，财务职能应该更强调集权，甚至应该是直线管理的，而 HR 则相对应有更大的向下授权。在设置具体管理结构时，行政、后勤、IT 等职能也应遵循类似道理。

其二，多业务协作的矩阵化管理。

多业务协作是指组织存在多种业务，这些业务虽有一定独立性，但往往又需要紧密的协同作战与资源共享。

前文引用了华为的一篇内部文章，讲华为要在 10 年内实现大体系支撑下的精兵战略，逐步实现资源管理权与作战指挥权适当分离。指挥权要前移，监督权也要前移，各地代表处作为利润中心要对结

第4章
组织设计如何驾驭人性

果负责。我们借华为这个案例探讨下企业中的资源管理权与作战指挥权分离的问题。

华为很早以前就实行代表处制，先是国内每个省建立一个代表处，后来业务全球化之后，又在170个国家与地区建立起代表处。每个代表处都是一个"战区"，"战区"内不同业务之间要共享资源、协调作战，不必各建一套班子。华为把业务整合为运营商业务、企业业务、消费者业务三大板块。因为消费者业务起步较晚，很多代表处还没有纳入消费者业务，华为正把这个问题的解决作为近期的一个战略重点。

华为正在构建和努力完善的这种模式，正是企业层面的多业务协作的矩阵式管理范例。各业务的垂直线条代表的是资源管理路径，但因为路径比较长，末端的市场也足够大，所以前线指挥如果也依靠逐条路径就会误事。也就是说，建多条垂直路径会造成资源浪费，需要一个本地化的横向组织来执行各业务的战略意图。这个本地化组织就是代表处，也就是华为的"战区"。很显然，打造出一个成熟的多业务协作的矩阵式管理模式绝非易事，华为说要通过10年时间。背后的难度在哪里？理解了这个问题，也就理解了多业务协作的矩阵式管理的价值所在。

博弈是人群固有的属性，不以人的意志为转移。假如一个组织真的可以消除博弈，让人像机器人一样100%按照最高组织意志行事，组织结构形式其实就没那么重要了，就像有些极端的管理专家认为未来企业可以没有组织，只有流程一样。实现货真价实的矩阵式管理，首先要解决的矛盾就是本位利益博弈。资源管理方拥有资源的"主权"，这种拥有感天生是与向外授权对立的，因为它要保证资源使用的安全性，但资源管理方又往往对前线具体战况不甚了解；而作战指挥方了解前线战况，知道战机所在，重视的是"此时此地"的胜利，即更容易重视短期效率，对组织体系整体考虑较少。要平衡这个矛盾，找到二者的平衡点，靠行政命令不能解决，利益分享机制才是决定性的。但武断的利益分享机制也绝不足以支撑一个庞大组织的矩阵式协作，必须从机制机理上梳理清楚。

在资源管理权与现场指挥权的相交中，从对外的角度看，后者更重要，直接代表着组织的效率、效能；从对内的角度看，资源控制也是必要的，这能控制组织的风险，并保证更长期的利益，使组织还是一个组织。所以，不断向前线授权需要一个过

第4章
组织设计如何驾驭人性

程,即在组织可控的前提下逐步授权。如果过于冒进,组织有陷入涣散的风险。但如果没有足够的压力逼迫逐步向前线授权,后台(资源管理方)因利益与惰性,又会倾向于维持现状,不思进取。

所谓支持矩阵式管理的机制机理,主体就是流程。流程建设是个细活,就像构建一台机器,必须从每个齿轮、每个链条上无缝衔接、全程衔接起来,否则部门利益博弈在现实中就会占据上风,协同就会出现问题。另外,流程建设是个长期工作,还要与利益分享机制结合起来。

人们的传统观念也是一个很大的影响因素。从传统而言,国内企业环境还不太习惯矩阵式管理,与以前的组织依附心理不太兼容。要改变观念,一方面是需要对人员自身的认知进行教育与引导;另一方面,更需要让人员认识到因现实矩阵式管理带来好处,形成闭环反馈,最终获得人员认可,而这需要时间。

其三,项目型矩阵化管理。

在任何一个组织内,一定会出现临时性的、跨部门参与的项目型需求。传统上,这些组织都是采用临时小组的方式解决这个问题。严格而言,临时小组方式并不是真正意义上的矩阵式管理。它的实质还是直线管理精神，只是在某个时间段，临时构建一个新的直线型组织，即把人员临时从原有组织借调出来，进入新的直线型组织工作，任务处理完毕就解散。而在那段时间里，它就是一个实体组织。比如，国企里面很重视"三防"工作，往往在三九天、三伏天这些特别时期成立诸如"冬季三防小组""夏季三防小组"之类的组织。在这段时间内，这些组织本质上是以直线型管理内核来运作。还有一种常用的非实体性项目组织是"领导小组"，成员由各部门的管理者组成。各个部门该干的活是按照从领导小组到部门管理者，再到部门员工的路径安排的，其本质上也是一种直线型管理模式，只不过是临时设立了一个统一领导机构。中国式管理文化中的"运动式管理"模式，一般都是以如上两种项目模式进行的。

真正的矩阵式项目模式绝不是上面那种样子的，而是按照资源管理与现场指挥交叉的方式进行工作。并且，对真正的矩阵式项目管理而言，虽然某一个项目是临时的，但因为项目层出不穷、重复不已，所以事实上横向的管理路径也是常规性的，有常规的运作机制。比如，研发硬件开发人员、软件开发人员、结构件开发人员构建一个产品项目组，它的资源管理路径还是属于常规设置的硬件部、软件部、结构部，而负责横向指挥作战的项目领导则有项目经理、项目委员会等角色。具体的项目组一定有始有终，但因项目是层出不穷的，所以研发项目管理机制本身是常规性的。它与直线型项目管理模式的核心差别是，在具体事务上，垂直路线的管理是同时存在的，也可以合法介入项目，并且一定意义上是必须的，横向与垂直两条线的协作对于项目成功与否极为重要。

项目型矩阵式管理构建的关键要素同业务协作下矩阵式管理构建的要素是类似的，也需要合理的利益分享机制，以及端到端的流程支撑。

最后，我们对于矩阵式管理做个简单总结：

按照任何一个维度去进行组织分工，一定不足以应对组织会遇到的所有状况，所以必须要考虑多个维度。因此，可以兼顾跨维度管理目标的矩阵式管理模式是必须的，它兼顾了多个维度的业务目标，共享了资源，提高了协同度，提高了组织效率。而通过构建临时小组以解决多维度管理问题的传统方式，是一种低效的模式，更是副作用明显的一种模式。

在中国当前文化氛围下，人们还不习惯矩阵式管理，要构建表里如一的矩阵式管理模式，需要做出非常坚韧、艰苦的努力，其背后支撑体系的到位尤其重要。

矩阵式管理模式一旦实现，会给组织带来巨大的效益。因为这种模式改变了组织博弈结构，一定程度上可以抑制诸如部门墙的顽疾、博弈损耗问题，让组织"合力"得以通畅发挥。可以这么讲，如果哪个企业能把矩阵式管理玩得精熟，也就把资源效率比提升到"一览众山小"的境界，在竞争中就获得了"内功"深厚的优势。这样的企业是了不得的。

第 5 章
流程设计如何
驾驭人性

一、分工就是流程

任意一个流程必有人物角色、活动和活动之间的依赖关系。人物角色是组织的分工结果，分工方式若不同，角色便不同，于是流程便也不同，所以分工也是流程的构成要素。为追求流程最优，改变分工也是理所当然的手段之一。所以，组织分工不应被独立对待，也不应先固定分工再去求流程最优。现实中，人们总是习惯先固定组织分工，而后去求最优流程，这样做局限甚大、思路甚窄。所以，要从观念上先破了这个思维惯性与路径依赖。

《坛经》中六祖惠能讲"定慧"时说，定慧一体，不是二，不是先定后慧，也不是先慧后定。王阳明讲"格物致知、诚意正心"时也说，不是先格物、再致知、再诚意、再正心，四者本是一个过程，格物时即是致知时，即是诚意时，即是正心时。两位先圣"一体不二"的思维方式，也适用于我们看待组织分工与流程的关系。其实，分工的过程和流程优化的过程是一个过程，既不是先分工后流程优化，也不是先流程优化后分工，二者是一体。

第5章
流程设计如何驾驭人性

亚当·斯密在《国富论》提出分工理论时,举了一个制造扣针的例子,这个例子可以看成是组织分工变革,也可以看成是流程变革。

斯密说:一个劳动者,如果对于这职业(分工的结果,使扣针的制造成为一种专门职业)没有受过相当训练,又不知怎样使用这职业上的机械,那么纵使竭力工作,也许一天也制造不出一枚扣针,要做二十枚,当然是绝不可能了。但按照现在的分工制作方式,一个人抽铁线,一个人拉直,一个人切截,一个人削尖线的一端,一个人磨另一端,以便装上圆头。要做圆头,就需要有两三种不同的操作,即装圆头、涂白色,乃至包装,这些都是专门的职业,这样扣针的制造就分为十八种操作。有些工厂,这十八种操作分由十八个专门工人担任。固然,有时一人也兼任二三门。我见过一个这种小工厂,只雇用十个工人,因此在这一个工厂中,有几个工人担任两三种操作。像这样一个小工厂的工人虽很穷困,他们的必要机械设备虽很简陋,但他们如果勤勉努力,一日也能成针十二磅。按每磅有针四千枚计,这十个工人每日就可成针四万八千枚,即一人一日可成针四千八百枚。如果他们各自独立工作，不专习一种特殊业务，那么，他们不论是谁，绝对不能一日制造二十枚针，说不定一天连一枚针也制造不出来。他们不但不能制出今日由适当分工合作而制成的数量的二百四十分之一，就连这数量的四千八百分之一，恐怕也制造不出来。

现代企业的构成充分吸取了分工理论的营养，已经无处不在。但分工变化能带来更多效益的原理是什么呢？我们一起尝试做一个解析。

我先提两个概念，一个叫作单角色节点作业效率，指一个角色在一个"工序"中的工作效率；一个叫作跨角色交易成本，指在把单角色作业的成果进行传递、组合过程中耗费的成本。我们简化一下亚当·斯密的案例，假设新方式是把制针分为三个工序，分别由A、B、C三个人负责，那么就可以用公式化的语言来比较是一个人从头到尾制一支扣针划算，还是三个人分工制针划算。

首先，A角色节点作业效率＋B角色节点作业效率＋C角色节点作业效率＞单人全程制针效率。这是基础条件，如果这点做不到，分工改变就没有意义了。

其次，从A到B，从B到C这两个传递衔接过

第 5 章
流程设计如何驾驭人性

程是有成本的，分别为 A、B 跨角色交易成本和 B、C 跨角色交易成本，那么总的交易成本 = A、B 跨角色交易成本 + B、C 跨角色交易成本。而单人全程制针是没有交易成本的，为零。

最后，改变是否划算，取决于算式是否成立：A 角色节点作业效率 + B 角色节点作业效率 + C 角色节点作业效率 - AB 跨角色交易成本 - BC 跨角色交易成本 > 单人全程制针效率。

如果把这个简化案例的算式转化为通用算式，来比较两个不同的流程方案，就是用"$\sum$A 方案中单角色节点作业效率 - $\sum$A 方案中跨角色交易成本"与"$\sum$B 方案中单角色节点作业效率 - $\sum$B 方案中跨角色交易成本"相比较，哪个效率高，就代表哪个方案更优。

跨角色交易成本实质上是部门/角色协作问题，也就是"三个和尚吃水"问题。**组织分工一旦确立，就在客观上赋予了每个角色一个独一无二的立场，而不同立场之间一定存在互动与博弈。**即使"同向互动"都会产生成本，更何况"歧向冲突"。多数情况下，"同向互动"产生的成本不是主要问题，管理的聚焦点在于控制因"歧向冲突"产生的成本。除了通过现场管理等手段对冲突成本进行"后天"

控制外，还应通过流程优化控制在初始分工时就自然产生的不同立场之间的"先天"的冲突。也就是说，初始分工即应该有配套应对措施。比如，将采购组织分为商务管理与供应商质量管理两种角色，虽然提升了作业的专业质量，但也要考虑商务管理部门与质量管理部门因立场不同所产生的博弈冲突成本，以及如何控制这些冲突。又比如，将生产计划组织分为物料计划与加工计划，这样做可因高度专业化而提升工作质量，但在分工之初就应该考虑到的是，如何让这两种计划保持协同，即提高两者跨角色交易效率。总而言之，分工行为，包括了"分"和"合"两种要素。"分"指职责的区分，"合"指分工后又必需的合作。"分"是直观的、易见的，"合"是隐蔽的、不易做到的、容易出问题的。所以，组织分工成功与否的关键，在于如何保证"分"之后的"合"。

角色分工是存在约束条件的，不可以随心所欲去分。这些约束条件包括：工序技术属性、单角色作业负荷、内控因素。工序技术属性是相对客观的，取决于技术或专业规律，比如"蒸馒头"这个作业，和面、揉面、成型、蒸熟这一工艺路线属于"技术规律"，不取决于管理思路。单角色作业负荷则受能

第5章
流程设计如何驾驭人性

力幅度与关注幅度的限制，能力幅度就是作业责任主体的专业能力是否胜任，关注幅度指人的精力与时间投入的边界性。内控因素不属于效率的构成部分，但对企业管理来讲又是必要的，总原则是越少越好，后文会专门谈及这个问题。

基于上面的效率计算公式，兼及角色分工的三个约束条件，就可以科学地判断在具体流程中"岗位的专业化与复合化"选择问题，这是企业管理中的一个常见命题。一切以流程总效率最高为圭臬。

工业时代的大趋势与主旋律是促进专业化。到了信息时代，借助IT工具（可以大幅度提升单角色作业效率），设立复合型岗位的做法开始成为常见的情形。多年前，保险公司的投保与理赔流程，大多是一个冗长的流程，参与流程的岗位多、节点多、用时长。最近几年，为了提供更好的客户体验以取得竞争优势，各家保险公司借助于强大的IT支持系统，明确了安全内控与效率的平衡偏好，赋予保险销售员、理赔员等角色更宽的作业职责，在投保和理赔效率上取得了有目共睹的进步。而很多企业的销售人员，借助企业发达的IT系统支持以及互联网化，担负着比以前更宽的作业职责，可以做到当场核算报价、当场承诺交期。即使在人们记忆中非常官僚的电信服务，目前也可以做到通过打一个服务台电话，就能让电信公司立即派员到现场安装并办理支付手续，这意味着电信公司通过建立"一站式服务"的复合岗位，大幅度改进了服务效率。

流程中层次路线往往也是流程的组成部分。也就是说，组织层级划分也属于组织分工的构成部分，会体现到流程中。当然，高层级角色在流程中的作用和直接作业人员是有差异的，起到的是节点输出物质量把关、内控、促进跨角色交易效率的作用。在流程中，输出物质量把关、内控等作用往往直接体现为一个审批节点。现实中，企业容易把这类节点搞得太多，从而降低流程的效率。另外，促进跨角色交易效率的作用比较隐蔽，也不易平衡，因为高层级的组织协调促进了跨角色的合作、降低交易成本，同时其本身又增加了跨角色交易界面。因此，必须基于具体的业务流程环境与特点合理运用层级。

有一家制造手机聚合物电池的客户，其生产线是标准串行流水作业模式，前一个工序若出现问题，后续工艺必受影响。它的生产线分为21道工序，每道工序有一个主管，一条生产线有一个制造经理。各个工序的具体工作安排由主管负责，因工序较多，

第 5 章
流程设计如何驾驭人性

上下游工序之间的协同频出意外，导致整条生产线的实际产能利用率不到设计产能的40%。针对这种情况，经过多番评估，我们最后对组织分工做了如下调整：依据各自工艺特点及产能瓶颈分布特点，把21道工序分为三个大的车间，每个车间配置一名车间主任和一名车间计划员；剥离工序主管的生产安排权，转交给车间计划员；同时，确认总生产计划后，以全程最瓶颈的第7道工序卷绕工序为基点，前后推演计算，制定出各车间粗排产计划；各车间计划员再基于本车间粗排产计划制定出详细排产计划；再一个措施是，车间扩充为虚拟大车间，即把同在生产线工作但不属于制造部的工程部人员、设备部人员、IE人员归到车间主任下面，进行矩阵式领导，并在绩效考核上把虚拟车间的多部门角色进行一定程度的利益捆绑。调整后，生产线效率得到了极大的提升，产能利用率增长到70%以上。

在这次流程优化（也即组织分工）中，车间主任的设立、车间计划员的设立的确增加了组织层级，但这两个岗位的设立，大大促进了多工序之间，以及工程、设备、QC、IE人员之间的协作，提高车间内部跨角色交易的效率，其产生的增值收益大大高于这两个角色本身所带来的成本增加,所以是一次划算的组织层级增加。

二、流程也是分工

流程的实质是一群分工不同的人共成一事,其形态表现就是前一角色把其所负责活动的输出传下一角色,如此延续,直到事件完成。在整个流程中,某一角色参与其中一个或多个活动,汇总起来便是该角色在这一流程中的综合职责(如图5-1所示)。如此来说,流程其实就是若干角色有序分工的一个组合。不过,各个角色并不是一口气把自己的职责都执行完毕,而是需要严格根据流程的相应次序,在不同节点进行相应的活动。因此,流程也是一种组织分工。

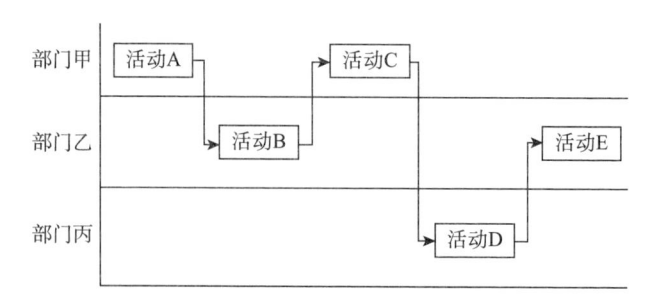

图5-1 简单流程图

第 5 章
流程设计如何驾驭人性

当然，图 5-1 示意的只是很简单的流程，现实中的流程往往更为复杂，可能有些活动是并行的，有些活动是有条件执行的，有些活动是需要多个角色一块完成的，有些活动是反复执行的。

流程可视为组织分工。此处的"分工"和企业的部门职责说明文件有什么联系和区别呢？简单地说，部门职责说明文件所描述的职责是静态的、大致的、归总的、粗放的，而流程中以活动形式体现的职责是动态的、具体的、细分的、细致的。虽然前者自有其用处（如用来组织定位、HR 相关事项），但从执行的角度，后者才是"真职责"。

我们常遇到这样一种情况，即从部门职责说明文件层面来看，两个不同部门之间的职责区分貌似比较明确，但实际业务跑起来后，却发现跨部门扯不清的情况还是很多，职责好像不那么清楚了。比如，企业中财务部和采购部的职责区分好像蛮清晰的，但在实际业务运作中，就可能碰到这种情况：采购部说，应该按照我们给供应商的承诺按时给供应商付款，因为财务没有及时付款，现在供应商不给我们发货了；财务说，你们承诺的付款日期应该集中在每个月下旬，要知道我们只有收到客户的货款才有钱付给供应商，现在客户的货款还没有到账，

111

怎么付款给供应商？再如，客户要定制一款新产品，销售部门承诺 7 天把样品送到，然后把需求给到研发部门；研发部门说，7 天怎么可能研发出来？你们没脑子啊，做出承诺要经我们确认啊；销售部门说，老板说过一切以客户需求为导向，你们加班赶一赶吧。又如，研发部原型机设计出来后，采购 BOM 清单发给了采购部；采购部看完后说，这个 X 器件供应商已经要停产了，你们怎么能选这个？如此等等。

　　出现此类状况，很多人认为是当事人执行的问题，但我认为首先应该从流程上找问题。除了明显的执行人失误，更多的情况是流程中对跨角色活动的接口没有理清。接口本身就属于分工内容，流程中相邻角色的分工要求应该明确，使衔接时能做到凸凹有序、恰到好处。如果流程在这点上没有做到位，则角色之间的无缝衔接就没有机制保障，执行就只能靠当事人的单方面理解与自觉了。这样"对得上"情况的概率自然就低，而"对不上"情况的概率就高。

　　因此，角色分工要到位，不能仅以角色本身为参照，还必须以有衔接关系的相邻角色的分工来相互参照。角色彼此分工能够达到相互咬合的齿轮态，才意味着分工到位了。如前面举的三个例子，就付

第 5 章
流程设计如何驾驭人性

款时间问题,财务部应该先出一个标准输入给采购部,采购与供应商签订协议时才好参照;销售部与研发部应该就不同产品的研发周期形成一个区间标准,这样才能避免上述那种尴尬情况,特殊情况也要经过研发确认,销售才能对客户做出承诺;采购部应该例行化介入到早期研发工作中去,当研发人员刚刚开始选择器件的时候,采购就要介入表达意见。

齿轮咬合式的分工衔接本质是相邻各方就"交流物"达成共识,最优的方法是通过机制保障共识的达成,即在分工上就明确好。在没有机制保障(即分工是不明确的)情况下要就需求达成共识,一是困难的,二是会因博弈而致"跨角色交易成本"高昂。

设计出周全、到位的角色职责分工,也即流程,并非就是烦琐主义,而是要视其必要性。假如分工不用太精细,跨角色的衔接也可以执行得准确无误,也就没有必要把分工描述过细;假如在实际运作中因分工粗放而使得跨角色衔接总是出问题,那么就有必要把分工做精细、做周全,保证交互是咬合的。

从原理层面讲,不同角色之间分工做到无缝咬合,除了对作业进行技术性指导,以防止失误、防止遗漏外，更大作用是为了驾驭多角色之间的博弈。**现实中大多分歧的产生往往并不是技术意义上的，而是立场意义上的。**也就是说，因为立场的"私欲"，而导致各方实际采取了不能相容相合的行动。用更精细、有针对性的分工来应对这种情况，本质上就是通过压缩博弈空间来掌控博弈的方向与结果。

因分工就是组织分工，所以上一节的"分工亦流程"和这节的"流程亦分工"，可以转换为另外一种描述方式：**组织即流程，流程即组织。**

三、尊重立场的差异

所谓尊重立场的差异，不是承认任何立场的道德性，而是尊重现实。组织分工本身给了每个部门一份独特的职责，而立场是基于职责而产生的。独特的职责意味着独特的立场，无视立场即是无视职责，不拿自己立场当回事的部门一定不是好部门。

当出现部门立场与公司立场冲突的情况时，人们总是希望部门应该有觉悟，把公司立场放在更前面。但凡事要理性，要知"一二"（孰一孰二），规模化组织机制的构建，必须以机制为本，觉悟为辅，

第 5 章
流程设计如何驾驭人性

部门先尽己责、守己之立场是为一，以教化求其有大觉悟、知大体、守大格局是为二。这才是正常的管理逻辑，可以称为"守正"。

只有认可部门立场、尊重部门立场的差异性，作为"游戏规则"设计者的领导者与管理者才有可能不嗔不痴地面对现实管理，以合理性手段去寻求不同部门的合作与协同，也才能"正人先正己"，清醒意识到自身首先应该尽的职责。所谓嗔，就是迁过于人；所谓痴，就是不切实际异想天开；所谓合理性手段，就是从博弈中来到博弈中去，从各部门利害计算的视角设立规则，引导并迫使部门选择与组织整体利益同向。要全面掌握现实中的组织立场并非易事。以下，我从三个广泛存在却又容易被忽略的视角对"立场"做个分析：

第一，立场分"公""公私"与"私私"。相对于组织整体立场的"公"，部门立场为"私"。"私"又分两种，在部门法定职责之内延伸出来的"公私"，与在部门法定职责之外延伸出的"私私"。"公私"到底还是"公"的，只不过因组织分工差异使部门的"公"并不等同于组织的"公"，所以才称其为"公私"。"私私"则是彻头彻尾的"私"，完全未有"公"意，是一己之私。应该说，现实中的部门立场既包括"公私",也包括"私私",而且"私私"还总是以"公"或"公私"的面目出现,有很强的隐蔽性。"公私"与"私私"不易区分,在以"规则"引导、迫使部门立场趋向合作时,应把两种"私"都考虑在内。

第二,从表面看,组织各部门的立场貌似是个客观的东西,其实不然。在现实中,对于同一个部门职责的认知,领导者眼中的、该部门自己眼中的,以及周边部门眼中的,未必一致。而且,这种认知不一致的情况具有普遍性,由此而导致的管理分歧占了所有管理问题的大半之多。比如,品质部门认为自己的职责只是发现质量问题而已,但制造部门则认为品质部门只是指出问题还不够,这是"站着说话不腰疼",还应该在如何解决品质问题上做出更多贡献。另外,认知分歧并不是一成不变的,而会在领导与下属部门、不同部门之间的交错博弈中不断演变,从而造成更大的立场认知错位。当领导者多次让切菜的去掌勺时,切菜部门和掌勺部门的立场也必会发生改变。

除了立场对立而导致的分歧,各部门/岗位间还可能因立场认知模糊而产生分歧。只有眼中能够看到这种分歧,才能让流程设计有针对性,才能让组

第 5 章
流程设计如何驾驭人性

织分工明确到恰到好处。如果看不到这种分歧，而只坚持"唯结果论"，则属"内病外治"，有可能短期有所奏效，但这是"强心剂"式的效用，即以牺牲组织机体结构性健康为代价换取短期的苟且。让各部门立场认知归位是管理的基础性使命，应该包括在正常的组织分工、流程设计中。

第三，"权重效应"会影响部门对工作的投入。每一个部门都有多项职责，有主职责、有辅职责，因而对某个部门来讲，这些职责的权重是有差异的。当一件事的完成需要跨部门协作时，如果这件事对 A 部门来说是高权重的职责，而对 B 部门只是低权重的职责，那么，这件事情就会受低权重职责的部门投入不足的负面影响。这就是"权重效应"。比如，在很多企业导入新供应商的过程中，名义上品质部门也有职责在里面，而实际上，品质部门往往不会太在意这项工作。另外，对于没有固定流程支持的临时性工作，"权重效应"尤其明显。

要消解权重效应的负面影响，有几个要点：一是责任要求要尽量明晰化、咬合化，特别是对于那些辅助性部门（这些部门往往以低权重面对这项工作）；二是将辅助性参与部门的工作做最低化要求，特别是一些临时性工作，非必要就不给辅助配合性部门安排工作，否则容易适得其反；三是应该就此事对参与的每个角色形成有效的规则环，保证机制性的压力。

四、分中求合

分以使各专其事，合以使诸事成一事，分中求合，合时有分，分合同体。遵循这个分工原则，流程就会顺畅有效，反之，流程就会阻滞低效。就方法论而言，有如下常见的"分中求合"路径：

1. 角色最少化

组织分工时，在保证职责专业性及必要内控考量的基础上，尽量减少分工后的角色数量。减少一个角色，就会减少两个（有时是一个）跨角色交易界面，从而降低跨角色交易成本。

2. 组织相关部门在事前就以博弈精神参与流程设计

事前博弈比事中博弈或事后博弈要好。事前博弈尊重了各部门的不同立场，更能让流程的内核获得自发契约的精神。参与流程的角色对自发契约有着最高的内心认同度，这为流程执行奠定了良好的基础。

3. 活动分工要咬合

流程中活动之间的关系大体可分为两类，一类是接力式的，一类是拼图式的。接力式的是指累积多个角色的"加工"而完成同一个输出物，一条生产流水线中的不同工序之间大多是这种关系；拼图式的是指不同角色"加工"不同的局部输出物，然后把各局部输出物进行拼合，以形成完整的输出物。拼图式活动关系中包含一种特殊的形态，就是不同角色对应的工作目标是同一输出物属性的不同维度。比如，使用一个器件时，研发人员决定关注的是性能，采购人员关注的则是成本。这种特殊的拼图式活动关系，往往最为复杂。

要让接力式活动关系咬合性更好，最基本的办法就是标准化，即把前一活动输出（也即后一活动输入）的形态归纳为标准化的要求条款。只要符合这个标准化，咬合就有了保证。对于拼图式活动关系之间的咬合，首先要有一个清晰的"全貌图"，然后把不同的局部区分好；在这个基础上，再形成各自输出要求的标准化。其中，要拼合好基于输出物不同维度的活动关系，仅仅依靠标准还不行，还需要一个拼合"审查者"。

利用标准化保证不同角色之间工作的咬合,对于驾驭人性或驾驭博弈而言,是一种润物细无声的途径,本质是通过压缩可能的博弈空间,而迫使各自不同角色的工作减少冲突,趋向合作。

4. 联合决策

一个新产品的立项,涉及市场、研发、供应链等多个部门,可实施联合决策的方式,即由事件相关部门组成决策组织进行集体决策。在项目有多维度属性时,为保证不同维度目标之间的平衡,应采用联合决策的方式。招标中的联合评审方式就属于此类决策。

联合决策要取得成效,需要有一套促进良性沟通的决策机制保证,否则就很难保障联合决策参与者都能如实参与决策。

5. 矩阵式管理

矩阵式管理能起到调和立场、促进立场平衡的作用,前文对矩阵式管理有详细论述,此处省略。

6. 决策与执行分离

决策与执行分离,除了能保证专业化之外,从博弈角度,还能让决策参与者减少顾虑,从而更能基于客观事实做出公允的决策。前文对决策与执行分离也有详细论述，此处不赘述。

7. 归属同一个领导者

对分歧情况比较严重的部门，可以让它们归属同一个领导者，以此减少摩擦、促进共识。这个方法是典型的人治，现实中有短期效用，但毕竟是权宜之法，不适合广泛推广。另外，迈克尔·哈默博士提出的流程 OWNER 也有这种味道，不过因多数组织主体架构是直线式的，所以流程 OWNER 在实际业务流程中起到的作用非常有限。

8. 确保每一个角色在流程中的规则环有效

形成规则环的诸要素不仅在某个流程内部，还有流程外部的要素，比如考核、监督等机制。在流程内部，保持一定的流程透明度，能起到强化流程相关各个角色规则环和强化流程权威的作用。流程过程中的"现场管理"是确保规则环的重要手段。

9. 明确定位、强化观念引导

明确各部门在业务流程中的定位，有助于更好理解各部门职责与立场，从而强化协作。同时，观念教育对于影响人们在博弈中的行为选择也有一定效用，不过需要强调的是，观念教育一定要先有机制，才能发挥更好的作用，如果没有机制基础，只是凭空去进行观念教育，则无异于缘木求鱼。

五、流程中的内控原则

安全与效率是任何一个组织都必须面对的基本矛盾，企业整体风险管理与内部控制常常被视为一个专有的体系来对待。现实中，企业需要面对来自外部意外、专业性意外、人为性意外等诸多方面的风险。因此，在流程设计时，必须考虑必要的内部控制措施。这里，我们主要探讨应对人为性意外的内控，也就是应对个人、部门、公司直接博弈意义层面的内控，针对的是工作中的利益冲突与工作懈怠。

流程活动常被分为增值的活动与不增值的活动。其中，出于内控考虑的活动就包含在不增值的活动中。虽然那些必要的内控活动不能在产品意义上增值，但对组织有很大价值。很多时候，因为内控过度导致人们对流程活动中过繁的控制环节多有抱怨，但是，现实中企业疏于内控的情况同样也很多。

企业整体层对安全与效率矛盾的定位是内控具

体措施设置的引领性原则。然而，很多企业在安全与效率关系上并没有清晰的定位，同时也不能全面系统地掌握方方面面可能存在的风险，在内控上只是依靠感觉，或是模仿其他企业的做法，这就不免出现随意性强、执行效果差的内控措施。针对这类情况，我总结了如下几条指导原则：

1. 最小必要性原则

着眼于内控的流程活动虽对组织安全有价值，但它毕竟有成本，且不能直接为产品或服务创造增值。因此，在满足组织风险偏好基础上，内控活动应该是越少越好。从外在看，各行业市场竞争越来越激烈，客户诉求的响应也越来越高，这要求企业必须尽量多地将资源投入到创造增值的"刀刃"上。

当谈及内控活动最小必要性原则时，多层审批容易首先被联想到。其实，多层审批本身无所谓好坏，问题往往出在"形式主义"和"拖下水主义"上。最典型的"形式主义"，就是在多层审批中，把相关部门层级尽数纳入，此时考虑的已经不是流程本身，而是组织伦理与象征性。若把某个层级节点的管理者排除在外，仿佛有犯政治错误的嫌疑，所以还是尽数纳入吧！"拉下水主义"则是把尽量多的相关岗位拉入审批，名义上是求稳妥，实则是为了万一出现问题好让大家一块儿扛，另外还可防止这些人如果身在事外而可能产生的抨击。

组织本身的层级与不合理多层审批有非常大的关系，因为它影响的不仅仅是某个流程，而是几乎所有流程。所以，组织应该尽量控制纵向层级数量。换个角度看，层级问题实质是授权问题。要层级减少，授权就要尽量下移。但授权是有条件的，就是组织基础管理机制与人员匹配度。当基础管理机制缺失、全员归属感很弱时，往下授权不仅实施困难，而且风险很大。相反，如果企业基础管理扎实、人心归属感强，向下授权就变得相对容易，比如OPPO这个公司。当前，OPPO的部长级的管理者，普遍都是"80后""85后"，他们大多是一毕业生就进入公司，管理经验不一定特别丰富，但他们归属感很强，所以在很多方面，企业授权都下放到了部长层级。

2. 内控离线化

凡事有事前、事中、事后三个阶段，在任何一个阶段都有设置内控措施的空间。也就是说，内控措施在三个阶段内都具有可运筹性。在现实中，在没有经过全面运筹以"自然态"运行的流程中，人们总是把内控措施内置到"事中"。这是最直接的方式。但无数经验告诉我们，内置方式对事情本身的效率影响很大。所以，应该把目光从事中扩展到事前与事后，以更全局性的视野来寻找最优方案。

如果把事中措施就看作是在线措施，那么事前与事后的内控措施就是离线措施了。相对在线措施，离线措施具有不占用事中时间，且时间相对充裕的优势。标准对企业业务既能起到指导作用，也能起到约束作用，而且企业中的很多业务是有标准可循的。要做好内控，关键是标准要具有相对的可分离性。就是说，在具体事件来临之前，可以先定好标准。比如一次招标活动，可以事先花些功夫分析招标可能面临的风险，如邀标时应先有标准来保证竞标供应商的资质底线及他们之间是否真正形成了竞争关系。这些标准就像是一个筛子，能提前消除一些风险。事后控制的主旨是保持"秋后算账"的可能性，形成一种威慑机制。统计分析、举报、审计等手段都可以算做事后内控措施。让事后内控措施发挥作用，流程本身的透明度、可返溯性（即保留事情的证据链）很重要。实现流程透明化、全程可返溯性，IT支持是不可忽视的基础。

3. 成本意识

成本意识，即投入产出比意识。内控措施本身是要有成本付出的，它与减少被控事件的可能损失形成投入产出比关系。投入产出比是判断某种内控活动是否值得去做的核心指标。从这个角度往往可以找到突破传统认知以优化业务流程的机会。华为早年因质量问题被客户退货的设备，要先退到各地代表处，然后再运到深圳总部进行处理。后来经过计算分析，华为发现退货成本高于最后退货处置收益，于是修改了流程，由各地代表处就地处理退货设备，这样节省了以物流成本为主的大量退货成本。这种改变其实就是砍掉了基于内控的活动而节约了成本。

4. 组织制衡

组织制衡是指在组织分工与流程设计中，有意识地分割不同部门之间的权责，从而使它们形成互相监督、互相制约的关系。企业内最众所周知的组织制约关系是会计与出纳之间的关系。对于组织制衡，前文已有论述，此处简略。

5. 系统化围剿

控制风险、保证安全是一个系统性的工作，任何一个单一的内控手段都做不到一劳永逸，只有系统化、多维度、多点的"围剿"才能形成"1＋1＞2"的内控环境。大体而言，只有通过企业治理结构、组织分工、体系建构、资源匹配度、个体裁量空间控制、责任强化、过程透明化、审计等立体型"围剿",才能形成一个真正系统化的、稳定的内控体系。

六、流程设计要"事上磨炼"

"事上磨炼"有三层意思。

第一层意思,是流程设计很难一步到位,而要依据试运行发现的问题反复调整,才能逐步靠近期望的目标。知晓这层意思,方可戒躁进,以宽容、平和、理性的心态面对流程优化。

第二层意思,是设计出的流程只有经过践行才能找出问题以持续改进。就像打造的容器,必须装上水,才能知道漏不漏水、何处漏水,继而有针对性地进行优化。对于流程设计者而言,必须深入到具体流程场景中去,站在不同角色当事人的角度去体验规则本身的合理性,规则带来的便与不便、高效与低效、收益与损失,进而由枝溯干、由干溯根,找出问题的根本诱因与解决问题契机。我认为,一个优秀的管理者应该是"流程体验"的专家,而不是浮在表面上仅仅基于工作目标发号施令。

基于我自己的经验，流程顽疾性问题背后往往隐藏着超出当事人、当事部门权限所能改变的因素，如果没有更高层级管理者的介入，很难做出实质性地改变。流程设计背后总是有些假设，其中最核心的是对人性的假设，而假设往往经过践行才能发现其合理性。"假设"之所以会偏颇，既有过高评估人们自觉性的情况，也有过低评估人们自觉性的情况，总体来讲过高评估的情况多一些。比如，从常识的层面出发，客户需求发生变化，研发与生产部门应该依据销售部门传达的变更信息相应做出改变，这件事貌似并不复杂。但事实上，在具有一定规模的企业里，设定应对这种情况的流程并非易事，因为不可以无条件假设客户需求变更都是合理的、必要的，背后有很多不合理的人为原因，有可能是销售人员一开始理解错了客户的原始需求，也有可能是销售人员的疏忽导致信息传递错误，还有可能是客户需求开始就不明确，而销售人员也没有认真去做验证，等等。面对这些不合理的输入，流程设计就应该考虑如何予以识别、控制和警戒，以抑制此类不良状况的发展。

第三层意思，是指作为规则设计者的管理者个人素养的"事上磨炼"。流程设计除了运筹学意义上的安排,更有主观性很强的人性学意义上的判断。规则设计者如何理解和看待业务协作中的人性,会深刻影响到流程活动与要求的设定。通过不断观察流程与流程执行之间的关系,流程设计者可以也应该进行作为规则设计者的"自我省察",到底是哪个点上出了问题,是自己疏忽,还是判断错误,还是推理错误?通过这种自我磨炼,可以帮助流程设计者真正理解和掌握其中的规律所在,因地制宜地调整规则,让流程在理想与现实中寻得一个接地气的平衡点。

有一次,我和一个企业的研发、采购、制造等管理人员聊天,他们认为自己公司的产品种类太多了,很多种产品根本卖不出去几台,却占用了大量的研发资源、生产资料以及库存。我进一步了解他们市场部门的运作机制,他们说市场部门是按照渠道分工的,有大卖场渠道、经销商渠道与网络渠道,新产品主要是各个渠道基于自身情况提出的。我又问,有没有一个产品管理部门来综合把握?他们说没有,各个渠道都是直接向老板个人汇报,新产品需求会直接交给研发部门去开发。我讲,这个分工

| 管理：以规则驾驭人性

方式和产品品种泛滥有着直接的因果关系，假设你是某个渠道部门的老大，从你的立场出发去做事，也必然会导致这样的结果。

作为规则设计者的管理者，通过不断的"事上磨炼"，以提高自己对业务行动中人性的认知，让规则制定得更有针对性，该引导时引导，该压制时压制，因其固然，做到"砉然响然，莫不中音"（《庄子·养生主》）。通俗讲，当你的境界上去之后，以俯视姿态面对，就能冷静地找出最现实的驾驭之策。

七、如何进行流程变革

流程即组织分工，业务流程的变动必会牵涉到组织，牵涉到各部门的责权利与立场。从这个意义上讲，业务流程优化被称为流程变革正合适。"革"的字意是"去兽皮之毛"，我觉得非常传神。"变革"一词，恰如其分地道出了进行业务改变的复杂和不易。

下面，我就企业应该如何进行业务流程变革，做一个简单探讨。

第 5 章
流程设计如何驾驭人性

1. 首先需明确要改变什么

变革往往是从解决现状中存在的某些严重问题出发，以提升企业整体运营效率或局部运营效率为目标的。在变革初期，应该超越具体细节，从更高视角确定改变手段。比如，研发变革可能会调整授权结构，以让下游部门参与到前期决策中去；销售领域变革可能会让销售部门承担起市场预测的责任；采购变革可能要由个人决策调整为团队决策模式，等等。

这一步主要是从运筹学意义上去展开的，其要害处在于保证变革之处是必要的、合理的。在此基础上，从系统视角演绎出具体的变革措施。变革很少有孤立的，一般需要多方面的共同改变，因此一定要找出彼此的依赖关系，制定一系列配套的措施，否则变革是缺乏生态基础的。比如，要让采购早期就介入研发，一方面需要采购组织本身做出调整，包括采购组织分工调整、新岗位的设置等，另外一方面也要调整研发过程中关键点的决策结构，否则采购部门是无法实际介入到研发过程中的。又比如，企业要通过变革降低库存，除了对计划部门、采购部门工作目标做出调整，还需对源头——销售目标做出调整。

2. 掌握改变会对现有利益格局有什么冲击

确定要做的主要改变之后，就可以站在相关各部门角度去逐一审视改变对他们现有利益有什么影响。这个"利益"是广义的，包括实际利益、权力、投入、责任，等等。趋利避害是部门立场的天性，当然不排除有觉悟高的管理者能以大局为重，不计自己部门得失，全力支持改变，但总体上必须以"无觉悟"为前提开展变革。识别各方利益所在，或者说各方所喜、所恶之后（这要对现有人事状况了解才能精准把握），就可以模拟博弈了。通过博弈模拟，一方面可以掌握好变革的尺度（即能落地的尺度），一方面可以归纳出变革推动者需要相应做出的对策与措施步骤，如改变绩效考核、激励方式等。

在足球运动中，当一个教练决定改变球队打法时，往往就意味着现有球员位置的调整，有前锋可能要从中路移到边路，有主力球员可能要让位于替补球员，还可能买入外援填补软肋位置。好的教练不仅能从技术角度做出战术改变，更重要的是能在利益格局调整中掌控局面，针对每一个受到影响的球员有相应的应对策略，保证团队的稳定和积极性。

3. 事前博弈，共识为上，施压为下

关起门来是不可能拟定出最优的变革方案并付

诸实施的，而是要与各利益干系部门充分互动。通过互动，了解各方的想法，影响、引导各方的观点，进而确定变革的合适尺度。

"事前博弈"的一个总原则，是让流程相关利益干系方进行充分的辩论与PK，逐步靠近共识。前文我讲过，建立在各方共识基础上的契约性规则才是最有生命力的，变革应该首先去寻求各方共识。确实不能达成共识的地方，再依靠行政力量进行施压。

在"事前博弈"中，优秀的变革推动者不仅是主持者和协调者，更是观念引导者，而这需要变革推动者能对专业了然于胸。很多时候，变革推动者还是草稿方案的抛出者。在抛出之前，需要变革推动者先行"默习"与"脑算"，也就是对各方立场、各方反应都要有预料、有对策。

4. 让新规则形成"势"

规则如果不能形成"势"，就是一堆废纸。而让规则形成"势"，功夫不仅要用在推行时，更要用在规则设计时。所以我常讲"执行力首先是设计出来的"。

规则形成"势"，就是让当事人在"利害计算"后能选择规则所期望的行为。换言之，就是要让规则能够影响当事人的"利害计算"，进而影响其行为。从规则环的角度看，就是要形成闭环，让责权利匹配，对其"尽责"进行度量和评价，进而影响其实质性利益。

一个流程本身可能会跨越多个规则环，所以，流程要形成"势"，就会涉及多方面的管理举措，以及多点、多角度的绩效度量与利益兑现方式。这的确有点复杂，但恰恰如实反映了一个流程若真的能够名实相副，就需要多方面的支撑条件，需要一个有机的存在环境。不过，现实操作没有想的那么复杂，因为规则环闭环部分的绩效评价与利益兑现是合并在整体流程之中的。另外，绩效评价方式与利益形式在现实中是丰富多样的，并不仅只有KPI、工资奖金等。比如，流程的透明化就会起到一定的监督效果，现场管理中管理者的态度倾向也是一种考核与奖惩，数据统计与分析也是一种评价，等等。

如前文讲述，推行新流程的本质就是要在博弈中形成事实规则。即使名义上的规则有了，但那只是停留在纸面上，不能算是事实规则。所谓推行，就是在推动者与各执行者之间交错博弈中，让规则形成"势"，形成当事人的记忆，从而成为事实规则。当流程成为事实规则后，也就意味着流程推行成功了。

第 5 章
流程设计如何驾驭人性

现实中，人们对改变既有业务流程，往往陷入一个认知误区，即一方面认为流程改变就是重新写程序，另外一方面又抱怨执行力不够。这其实是把一个问题割裂为两个问题，没能抓住要领，所以往往不能取得实质性的进步。秉着"知行合一"的原则，必须承认流程变革只是一件事，写程序也好、画流程图也好、沟通也好、培训也好、推行也好，都只是为了实质性改变业务流程。流程变革是前后呼应的，手段与目标是统一的，若将过程分割为多件事，一定是做不好，也做不成的。

第 6 章
基于效率最优的流程设计

依据经验，本章我归纳了流程设计中的常用运筹手段，并对每种手段的应用做了详细解释。

一、端到端

所谓端到端，指流程是贯穿全局的，如交付流程应是从客户需求开始，到满足客户需求结束。企业内部除了主价值管道、主流程，还有不少分支性的流程，都可适用端到端概念。事实上，要搞明白端到端概念并不容易。就像并非能走过去的地方就有路，也并非业务能进行就意味着企业具备端到端的流程。**端到端的流程之本意，是择优预设业务处理路径**，以保证效率、控制成本、保证多目标的兼顾。在没有择优、没有预设的情况下，业务也能推进，但其效率是没有保证的，其成本也很难在掌控之内，顾此失彼的副作用更是防不胜防。所以，一个正常的企业要预设端到端的业务流程。

真正的端到端的流程要在"形"和"质"两个层面都联通才算。"形"上都没有连通的流程当然谈不上端到端的流程，而"质"上连通则主要指一种实践，是端到端的流程形成了实实在在的"势"，并

第 6 章
基于效率最优的流程设计

从实践中被得心应手地、从心所欲地、浑然不觉地应用了，形成了气氛、形成了习惯。只有在利益分配、博弈掌控、观念转变等多角度都变革到位了，企业才可能真正建立通畅的端到端流程。所以，真正打通全局性流程非常不易，绝不是常见到的一些企业的做法——搞一个运动，以行政命令方式就能做到的。在三周或四周之内要求把全公司流程全部更新、全部打通，是在自欺欺人而已。要知道，国内企业流程变革的先驱者——任正非在 2016 年上半年接受《新华日报》采访时说：我们花了 28 年时间向西方学习，至今还没有打通全流程。

为什么现实中那么多企业的流程做不到端到端？可归纳为如下几个原因：

（1）公司流程是各部门把基于自己立场制定的流程拼成的，甚至都没有"拼"这个步骤。即使从"形"的角度看，流程和流程之间"螺丝不对螺母"的不衔接情况都很明显。

我们假设某公司的一个流程如图 6-1 所示：

在实际运作中，这个流程在企业内部可能是由甲、乙两个部门各自负责制定的程序组成的。其中，甲部门主要关注的是活动 A 与活动 C，而对活动 B 和活动 D 只做简略的要求描述；乙部门则主要关注

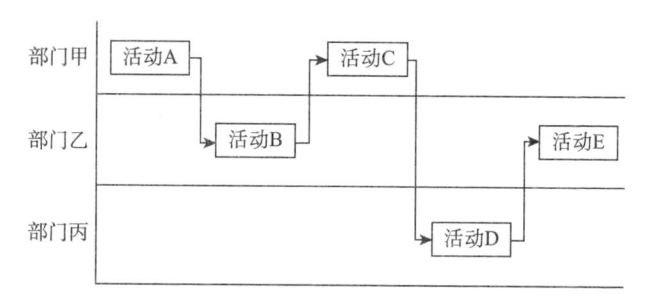

```
部门甲    活动A ──┐    ┌→ 活动C
部门乙        └→ 活动B        ┌→ 活动E
部门丙                    └→ 活动D
```

图 6-1 简单流程图

活动 B、活动 E，顺便对活动 C 和活动 D 做个简略的要求描述。如果把两个程序放在一起比对看，就极有可能会发现如下情况：

甲部门编制程序中的活动 C 是 C1，乙部门负责编制程序中的活动 C 是 C2，而 C1 和 C2 可能是不一样的。这意味着同一个流程活动，在两个部门眼中是有差异的，其他活动类似；

甲部门负责编制程序中的活动 D，和乙部门负责编制程序中的 E，可能衔接不起来；

丙部门在看两个程序中 D 活动（D1 和 D2）的要求描述时，感觉它们都不对，也懒得理它们，就照着自己理解的活动 D3 来做事；

甚至，有可能乙部门在程序中懒得写外部门的活动，只描述自己部门负责的活动 B 和活动 E。

如果算上构成一个程序中除活动之外的标准、表格模板等，甲、乙两部门各自负责编制程序之间的不衔接、不一致情况会变得更加离谱。

一叶可知秋，从"形"可以一定程度上推知"质"。这些程序形式上体现出来的封闭意识与挑肥拣瘦意识，很大程度上折射出企业背后的管理理念，以上诸种情形都是我咨询工作中经常能见到的。

在企业的流程现实中，具体实例俯拾皆是。比如，工程部门流程里面关于备件申请的活动要求与采购部门的采购申请流程中相同活动的描述不一致；产品研发部门在流程里确定一个新器件的流程要求时，可能根本就没有采购部门的位置，而采购部门的新器件导入流程里，可能又一厢情愿地出现了关于它介入研发流程的要求；财务部门从全面预算管理角度制定的立项流程和采购部门制定的采购申请流程可能风马牛不相及等。

之所以出现以上差异，除了每个部门都对自己部门之外的工作活动不大关心而理解不到位外，更多的是因为"私欲"，即都只想做那些比较清晰、有利可图的事或有成就感的事，不想做那些棘手的事，前者抢着去做，后者则努力推出去。

应对以上情况，需要从两个方面入手：一是要先建立自上而下的主视角，也就是"上帝视角""第三方视角"来建设端到端流程，只有这样视野才足够大、立场才足够中立、衔接性也才能保证；二是流程建设前，跨部门间要有实质性协商以达成共识，即事前博弈。有事前博弈，就可以避免事中博弈。

（2）领导层对端到端的流程不够重视或认知有误。有种常见的情况是，领导者重"管"不重"理"。"理"是把事情的脉络弄清，然后把干预机制化；"管"则侧重对人的压力及对事情的直接干预。虽然表面上看起来事都是人做的，但不应该忽略人和事背后的处理机制。重"管"不重"理"的情况可以叫"有事无政"。"有事无政"一词，源于后人对东汉开国皇帝刘秀的评价。刘秀是个公认的明君，文成武就，还有仁心，但被后人认为是"有事无政"。所谓"有事无政"，就是只是处理好了人事，没有创立好的制度。东汉本来是要从西汉后期之弊政吸取教训的，从制度层面修补缺陷，但刘秀没有重视这些，而是架空朝臣，把工作揽到自己身上。相对而言，明朝开国皇帝朱元璋很重视建制，尽管他建立的很多制度的好坏还有争议，但作为最

第6章
基于效率最优的流程设计

高领导者,朱元璋在重视制度建设方面是一个楷模,明朝的卫所制度、屯田制度、开荒政策、反腐制度等等,朱元璋本人都参与甚多,他甚至还亲自执笔编写《大诰》等制度。

要保证端到端流程的通顺,领导者仅仅表个态还不够,还需要深入明了业务的结构与形态。京东刘强东在这方面就是一个很好的表率,他隔一段时间就会亲自去一线体验一把,比如骑上电车去送送货。我想,刘强东这么做的目的,不仅仅是向员工展示一种精神,或提醒自己不忘艰苦,而是有"流程遍历"的味道。领导者亲自走一遍流程,看看实际流程中有哪些问题,有助于让全流程保持通畅。

流程做好了,自然也就"管"起来了。流程是一个协调机制,良好的流程可以把日常业务中大部分事情的处理协调好、监控好。所谓流程驱动,实质是流程在管事,是把业务协调工作套路化了,来了事怎么处理有一套既定的机制,而不必非要另外给相关人员提供专门指令。"管"与"理"殊途同归,"理"得多了,"管"得也就少了,"理"得少了,就需要事事专门去"管"。从数学角度看,"理"就是去寻找数字的规律,提炼出公式来,从而降低计算成本。比如用高斯公式,把从1到100相加简化了，不到一分钟就算出来了，如果埋头逐个数字地去加，不仅慢，还容易出错。

（3）企业运作整体结构没有真正梳理清楚。没有清晰的整体运作架构，就难有清晰的端到端流程，因为端到端的流程是建立在整体运作架构基础上的。所以，可以认为，理清端到端流程，就是理清企业整体运作架构的过程。

理清一个组织的整体运作架构实非易事。组织架构是企业整体运作架构的重要构成部分，是直观能见的部分，是种静态"语言"，无法"描述"企业整体运作架构中动态的业务运作形态。动态的"语言"就是流程。据我了解到的情况来看，很多企业往往并没有真正理解流程，只是视之为一种比较低端的做事步骤的集合。这些企业的运作架构一般就呈现出上面是组织架构，下面是低端的行动步骤的集合，而缺失了中间部分。在真正理解了流程是以动态"语言"描述业务运作架构后，会发现流程的本质是一种思维方式，即在流动的、递进的动态业务流中把握企业诸多资源要素之间的实质关系，并在此基础上，界定好管理问题，提出解决思路。

其实，对于企业的业务运作而言，流程本是最原生态的存在。企业业务活动本来就是一个一个的业务流,而流程是对业务流最直观的表述方式,只是一直以来被传统管理学中诸如指挥、协调、控制、监督等概念遮蔽了,使得人们反倒是看不见本来应该最容易看到的存在——业务流。所以,从流程的角度去看管理,其实是洗尽铅华、返璞归真。

真正理清一个企业的整体运作架构,需要以流程式思维方式去解析和组合。因此,理清整体运作架构的过程,同时也是制定出端到端业务流程的过程。真正能从可行性角度理清组织的整体运作架构,并在此基础上实现运筹学意义上的优化,要求领导者或专业人员有很高的专业能力素质,并非从事一项工作久了,就一定能既见木又见林,如果系统思维逻辑能力不够,可能会一直"见木不见林"。

二、串行变并行

运筹学的一项重要原则就是把串行活动变为并行活动。运筹学里有一个著名的烧水泡茶案例,是说,我们应该先装水、烧水,然后再去洗茶具,而不是先洗茶具再去烧水。其中,先洗茶具后烧水,活动是串行的,而先烧水后洗茶具,活动是并行的,后者可以比前者节省不少时间。所以,并行效率比串行优。

生活中,大多数人都能做好烧水泡茶式的简单运筹,已经成了生活常识。但是,在企业内部的跨部门流程活动安排中,要把串行变为并行却很不容易。为什么呢?我觉得,有三个关键影响因素:一是思维受限于部门边界,不是自己部门内部的事,大家都懒得去关注、去思考,只是照着旧例走,也就不利于发现可并行事项;二是因于部门的利益考量,都不想"没事找事",主动去增加本部门工作量,所以,对于潜在的串行变并行工作机会视而不见;三是即使能发现这种机会,但考虑到推动这种变革阻力重重,也就权当没有发现,这个因素最要命。

简而言之,企业内许多潜在的串行变并行机会之所以没能把握并实现,是由于信息在流程前期阶段具有一定的不确定性,而不能判断是否能够转变为并行,又或者认为虽能把串行变为并行,但因为不确定信息的干扰,而要多付出很多劳动。

比如说,一个科技型公司内在开发一个新产品时,采购、工程、品质、制造、售后、销售等部门往往习惯于等研发部门的原型机基本确定了,才开始开展自己负责的下游工作。这就是典型的串行工作方式。其实，在产品研发工作刚开始时，有些关键器件、关键工艺可能就比较明确了，采购此时就可以与研发并行工作了，即开始寻源、导入供应商；制造与工程部门也可以从制造设备与工艺上开展部分前期工作了；等等。但是，很多企业并没有机制去保证这些跨部门的并行工作。毕竟产品设计还没有确定，理论上存在不少变数，提前开始的工作可能会白白浪费。这也成为当事人解释为什么没有去做的借口之一。很多优秀企业在研发上的优势来源之一，就是把串行做的事变为了并行做的事，从而拥有了更充裕的时间，既缩短了总的研发周期，也更好地保证了产品质量。

如果把一项工作提前展开，会有两种可能的结果：一是因信息不完全确定造成重复劳动甚至无效劳动，一是因提前进行会节约出不少时间，且提升了工作质量。把二者进行比较，如果后者带来的收益高于前者的"浪费"，那么提前就有价值、有意义。比如，如果采购部门在一个产品研发初设阶段就开始着手引入某些新器件的供应商的工作，就可能比传统模式提前1~2个月，一方面可以压缩研发阶段的总周期，另一方面因时间充裕可以把引入新供应商的工作做得更扎实细致。总体而言，把串行工作调整为并行工作带来的收益要远远大于传统串行模式。

在日常生活中也有这样的例子。一个在北京工作的小伙，他的丈母娘第一次乘飞机来北京，飞机起飞时间被推迟，具体起飞时间待定。飞机到北京的飞行时间是1个小时，考虑到北京交通拥挤情况，小伙子开车到机场的时间可能需要2个小时。此时，小伙子就面临一个选择，如果不想去得太早干等，就等丈母娘电话通知他飞机实际起飞时间，但这会让丈母娘在机场等他一个小时；如果不让丈母娘等，他必须在不知道具体起飞时间情况下提前出门。很显然，他情愿去早了干等，也不能让丈母娘等他，于是小伙子在未得知飞机具体起飞时间的情况下就动身了。这实质上就是把串行变为并行，虽然有可能去早了浪费时间，但能让丈母娘一出闸口就见到女婿，这样做是值得的。

其实，在上下游部门工作交接时，并非所有需要交接的信息都是不确定的，有一部分实际上是很确定的，只不过人们习惯上要把所有信息弄全了再交接。打破这种习惯是可能的。比如，在电力行业，有些设备采购周期非常长，甚至长达一年。备件采购的传统做法是,维修部门制定好维修工作包(包括维修需要的备件信息、工艺信息、技术依据等)并正式发布,备件采购部门再开展采购工作。这导致经常出现维修实施时要等备件的情况。而如果打破旧例,在工作包筹备的过程中,就把那些已经明确的备件需求信息在维修部门和备件采购部门之间传递,就能把备件到货的时间大幅提前。

要把串行工作改为并行工作,有如下几个要点:

第一,要有化整为零的概念,即下游不必等上游的所有交付物都齐全了才做交接,可以先行交接那些先输出的部分交付物。

第二,把单交接界面改变为多交接界面,也就是可以把上下游单次交接调整为多次交接。这么做需要克服惰性,且对跨部门协作的要求提高了很多。

第三,公司要有"容错"的雅量。因为多数串行变成并行是在信息不完全确定的情况下进行的,工作有可能出现重复、浪费,甚至出现差错,这是正常的。只要串行变并行能带来巨大收益,付出是值得的。如果公司没有这种认知,在细节上过于纠缠所谓绩效,员工就绝不会去冒这种风险,也就很难实现整体格局上的运作优化。由此还可延伸出一个观点:**凡因员工顾虑公司机制、文化等而畏缩不**

前,明明有想法但不敢对工作作出改善努力时,领导者都应该站出来承担这个责任。

第四,很多情况下,跨部门的串行变并行,绝非一个简单的"工艺性"变动,而是一个多层面的变革。

三、异步化

什么叫异步化?就是从原本是以一条龙方式完成的整个工作中,提取出其中一部分来,提前把这部分的工作做好。而这部分成果可以被剩余部分的其他工作直接引用,从而缩短总工作周期。很多时候,提前做好的这部分工作的成果还可以被重复使用、共享使用。

流程的异步化最典型案例就是编程了。程序员写一个程序的时候,会把一些常用的局部程序代码提取出来,做成子程序、函数、公用模块,当主程序需要的时候就直接调用这些预置的子程序或模块,从而大量节省重复开发时间,降低开发成本。

在采购领域里,我们常见的情况是,很多企业的采购部门有了物品采购需求,才开始找供应商、

第6章
基于效率最优的流程设计

询价、比价、议价，然后签订合同进行购买。如果采购部门能依据事前与用户部门的互动、历史统计分析，在具体的采购需求到达之前，就做出具有前瞻性的需求预测，从而提前寻源供应商、认证供应商、甄选供应商，那么当有具体采购需求出现时，就只需要按照协议执行一个订单履行程序，这步工作甚至可以让 IT 系统自动完成。而且，还能依据预测采购量，利用规模效应，谈下来一个好的价格协议。这就是流程的异步化。

科技型公司在研发工作中，会把其中各种技术、功能进行分离，以形成一些相对独立的、可靠的，能在不同产品的开发中被借用或引用的共用基础模块，从而降低开发难度、缩短开发周期、强化进度可控性，并使开发团队把精力聚焦在产品独特性的设计工作上。比如，在研发过程里，可以对一些元器件进行评估，提取出来形成一个优选器件库。当有新产品开发时，直接从这个优选器件库中选择可用的器件，这些器件都经过验证，质量可靠、价格已谈好且产能有保证，所以不仅省去寻找新器件与供应商的时间，还在质量与可供应性上有很大优势。这个也是流程的异步化。

传统的动画片制作，画面都是一幅一幅手工画出来的。电脑科技时代，制作方法就发生了质的改变。开发时，有人负责先把人物（如人物的各种动作形态）做出来，有人负责制作地图，有人负责特效，有人负责剧情策划，最后就按照剧情把这些要素进行组合。因为各要素的重用性得到最大限度地发挥，电脑制作时代的动画制作，开发工作量和开发时间得以大幅减少。这个也属于流程的异步化。

实施流程的异步化，有如下几个要点：

第一，要突破惯性。我发现，一个企业准备对业务流程进行异步化优化时，总有不少人先验性地不以为然。我想，背后主要原因还是定势思维、路径依赖。

第二，分离出可异步的工作要有专业合理性。要在一条龙流程中分离提取出可异步化处理的部分，需要在专业上有着透彻的理解，清晰掌握各项工作之间的内在关系、输入输出参数、相互影响方式、潜在风险等。比如，程序员在分离出可调用的子程序、函数时，要确保其技术上能成立并在成本和效用上有所值；研发时分离出共用基础模块要求更高，负责人必须对技术、对产品都有着高出一般研发人员的认知；把供应商选择工作和采购秩序工作进行异步化，则需要对供应市场和内部需求的把握都要到位，否则，不合理的强行分离可能会适得其反。

第三，异步化工作输出的成果是可重复使用的。假如只能使用一次，能带来的收益就甚微。重复使用频率越高，产生的收益就越高。

第四，异步化工作实质上是管理变革。同串行变并行一样，涉及多部门时，就不能仅仅从纯技术视角去看待异步化改变，不同部门之间的利益考量、观念局限等都可能成为异步化实施的障碍。所以，只有以变革的态度与方式去面对，才可能推动并落地。

合理的运筹安排，可以让时间与空间进行相互转换。依据现实需求，有时可以用时间换空间，有时可以用空间换时间。异步化就是用空间换时间。

四、统筹与执行分离

在企业经营管理中，统筹与执行分离包括战略与执行分离、决策与执行分离、计划与执行分离等，其中既包括流程上的分离，也包括组织上的分离。其共性是把"脑劳"与"力劳"分离，以取得更好的实施效果。下面结合一些实际案例，对统筹与执行分离的价值做一个分析。

首先，因为人的能力与注意力是有限的，所以需要"术业有专攻"。统筹与执行分离，可以让两个角色各自把有限的注意力聚焦于自己擅长的那部分工作上，从而提高工作质量。

著名管理学家德鲁克说过，成功的组织总是把高层管理与具体操作分开，因为这样就可使高层管理者集中精力进行决策和指导。否则，主管们便会被具体的操作任务分散精力，从而无法做出基础的指导性决策。

最早提出计划与执行分离的是泰勒。他认为，在传统的计划与执行不分的做法下，效率如何取决于员工自身，因为依靠的是员工的经验在做事。实际上，要让一个人在机器和写字台上工作的同时，又对工作相关的各种科学数据及不同方法的优劣势了如指掌，是不可能的。而计划与执行分离，可以让计划人员专注于统筹、安排与监督，按照科学规律去办事，并合理制定执行者的职责与工作量，让执行者安心于发挥个人的灵巧性，不断提升工作熟练度。在泰勒的定位里，计划人员需要熟悉执行工作，了解相关的定量数据，知道不同方法与工具的差异，只有这样才能合理安排工作。同时，计划人

第6章 基于效率最优的流程设计

员还负有监督与控制执行者是否按照计划完成工作的职责。

战略与执行分离、决策与执行分离,适用于需要面对比较复杂的内外部环境的组织,因为要做好战略或决策,就必须要收集、掌握方方面面的信息,并有能力对这些信息进行加工,从而推理出最优的方案。显然,一般人员能力上无法支撑这项庞大且有深度的工作。所以,需要那些能力足够、其主职是负责决策或战略的角色来专门负责这类工作。

其次,有些工作是多线执行的,客观上需要一个"交换机"对工作进行分配,对过程进行协调。

在一个制造型企业里,当生产计划部门把订单转换为生产计划后,就需要采购、车间、工程等部门分别开展执行工作,采购部门要在指定的时间内把物料安排到位,车间要安排好生产准备工作,工程部门则要准备各种生产制具、夹具。也就是说,在生产计划这台"交换机"后面,有几条不同的工作线路同时展开。如果没有专门的生产计划,就无法保证让这几条不同线路的工作协同、契合。有了生产计划这台"交换机",就能把各条线上的信息随时汇集到一起。如某些物料到货会推迟一点,某些辅助工具数量不足,某个订单被取消或数量减少等变化，都要先汇集到生产计划那里；生产计划据此做出调度调整，再把相应信息有序传递到各条线；各条线再据此做出相应的工作调整。如果没有"交换机"机制，全凭各条线自己去沟通，则很容易乱套且效率低下。

又如要研发一款手机，会涉及硬件开发、软件开发、结构开发、测试、开模等多类工作，统筹者项目经理就是"交换机"。项目经理必须安排好每条线工作的资源数量、进度与交接。当出现异常情况时，项目经理需要协调、干预，使各方做出合理的、匹配的响应。如果没有项目经理这个角色，很难想象如何把这么复杂的多线路工作协同起来。一些企业因产品简单，产品开发就没有专门的项目经理，一般是让硬件开发人员兼职负责协调工作。显然，产品简单的话，兼职模式还能凑合，产品复杂了就无法操作了。我认为，即使是简单产品的开发，让硬件人员兼职项目经理，也是一种低效的做法。

虽然很多企业在表面上像是做到了统筹与执行的分离，但"交换机"并没有完全定位准确，因而不能充分发挥其交换调度与控制作用。"交换机"的作用在于让统筹与执行分别发挥应有的效用，而这需要企业依据事情的机理，进行自我检视并做出相应的调整。

再次，统筹与执行分离，能起到制衡作用。

只要有不同立场的角色存在，问题便不易被隐藏，工作过程也会趋向透明化，因为不合理的做法会遭到理所当然的"抗议"。这就是统筹与执行分离的制衡作用。比如，计划部门一旦安排了不靠谱的生产计划，制造部门便会大声抗议出来，而制造部门不按照计划部署执行，计划部门也会向领导层投诉并采取相应措施。决策与执行分离的做法，很大程度上是取其制衡之义，特别是对于公共管理领域。当然，企业中的决策与执行分离也会考虑制衡之义。

直到两三年前，我去北方内陆地区的几家企业时，发现其制造工厂都还没有设立计划部门或计划人员，计划工作还是由厂长、车间主任这些管理者在负责，效率极其低下，并且隐藏了很多问题，不到"爆破点"，外部也无从知道这些风险的存在。

五、设立 K 点

所谓 K（Key）点，就是流程中的关键节点，是流程中的决策点，也是流程中各种信息的汇集点，标志着流程的进度，在很大程度上决定着流程执行的质量与效果。在流程设计过程中，分离并设立出K点，不管对于流程执行本身，还是对于流程管理与控制工作都很重要。在越复杂的流程中，K点的效用就越大。

从流程监控角度，重点监督对象会放在K点上；从流程效果评估角度，也是聚焦在K点上进行检视。以招聘流程为例，招聘一般都是多轮筛选的过程，有节点收集信息或分析信息，有节点则进行取舍，随着流程的推进，候选者数量会逐步减少，直到最后只剩下进入录用名单的人。在全流程节点中，每一个做出选择决定的节点都是一个K点，标志着流程实质性推进了一个阶段。比如，在一个产品研发立项流程中，确定产品技术可行性的节点是一个K点，明确产品市场价值的节点也是一个K点。

关于K点，除了上述常规运筹意义上的作用，我更重视K点在驾驭博弈意义上的作用。流程越长，涉及的部门/岗位越多，K点在驾驭博弈、保障协同方面的意义就越大。如果能深刻理解这点，则无论是在流程设计中设置K点，还是在流程运作中用好K点，都会有很大的帮助。

下面，我结合一个电子产品研发流程，简略分析 K 点在驾驭跨部门博弈角度的作用。

作用一：K 点是跨部门共识点，可对各部门阶段性的责任做正式的强化声明。

比如，产品开发包括硬件设计、软件设计、结构设计、安规设计等，分别由不同的角色负责。其中，结构设计还需要生产工程部和品质部做确认，在这个 K 点汇聚了六七个部门（角色）的共识。与此配套，产品研发流程设计阶段的 K 点评审表，要把各专业部分的设计要点都列出来，同时把每个部门（角色）在设计要点上的责任也清清楚楚地写好。假如在后续流程中暴露出问题，就可以根据 K 点评审表，清晰地找到对应的责任人。

作用二：K 点能实质性地推进流程进度。

接上一个案例，当详细设计技术可行性 K 点评审表通过后，从机制上就正式地进入到下一个阶段，相关部门就要开始准备样品生产了。K 点评审让各个部门有足够的凭据和信心，开展下一步工作。如果没有 K 点机制，大家心里就没有明确的进度标识，行动缺乏依据，没有迫切感，各方都想等等看，松散、缓慢、混乱的情况就会出现。

作用三：K 点给了"迭代式进展"一个缓冲空间。

所谓迭代，就是以重复反馈过程的活动，逐步逼近目标，而不是企图一步到位。在 K 点和 K 点之间，就是一个可迭代的缓冲区间，在这个区间内各部门可以反复互动，逐步完善信息和"输出物"，直到 K 点来临。在 K 点，各方的输出与意见具有严肃的、正式的责任。这样，在 K 点机制下，灵活性和严肃性得到了很好的结合。比如，在产品设计阶段，包装设计人员、采购商务人员、采购技术负责部门可以就包装的形状、结构、款式、材料等反复互动沟通，但到了 K 点时刻，就必须确定下来，各方的最终意见以呈现在 K 点报告上的为准。

作用四：K 点是多支线任务里程碑点或结束期限的汇聚点，也是下一阶段任务的开启点。

比如，产品研发流程到了决定是否量产的 K 点，必须去检查各支线任务是否已经完成，包括：采购部门要确认各种关键物料的产能已经准备好，质量部门要确认各种检测标准已经确定，工程部门要确认支持量产的辅助工具（夹具、治具、检具等）都可到位，制造部门要确认工人、生产线设备等都已经安排妥善，等等。如果哪个部门失职了，结合总体的产品开发时间表，就会清清楚楚。同时，K 点也往往意味着后续的任务可以开展了。

作用五：K点为领导者介入和监控具体流程提供了便利、可行的时间窗。

尽管领导者都事务繁忙，但对重要事项（可依据业务分级定义）都需关注。然而，如果抓不住关注要点，就会事倍功半，起不到很好的作用。K点的设置给了领导者明确的介入指引，可以帮助领导者用最小的投入在最大程度上掌握、监控项目的进程。另外，K点本身也可以分级，不同企业可根据各自情况标识出领导者要介入的K点时间窗。

作用六：K点提供了一个"斩仓"窗口。

业务进展的过程，也是信息由不确定到确定的过程。因为如此，有些时候，当某项业务走到某个阶段，会发现原来立项的依据已经失去合理性。尽管如此，企业却难以搁置业务或果断叫停，因为责任太重大，大家都不愿意承担，而领导者又不了解详细的情况。K点机制则提供了一个决策审视窗口，可以让决策者基于已经逐步明确了的信息，对是放弃业务还是把业务持续下去，如果持续下去，是增加业务投入还是减少业务投入，做出合理决策。炒股的人，当判断后续行情不妙时，需要果断斩仓以减少损失。产品研发也是如此，当流程到了完成样机的阶段，需要从技术成熟度、成本角度进行审视，如果技术不太成熟,或者成本过高,要叫停项目,这并不是坏事,而是减少、避免了更大的损失。

六、推式衔接与流程分支化

1. 推式衔接

现实中,开会时经常可以碰到这样的场景:会议时间到了,但与会人员没有到齐,于是会议组织者逐一打电话催促那些还未到的人。之所以出现这种情况,就是流程没有确立推式原则。何谓"推式"?就是流程中的下一个活动由上一个活动触发,或者在相依赖的事件中,上一个事件会触发下一个事件。具体到责任时,上游活动的执行人有义务主动触发下一个活动。在开会的例子中,如果与会人员主动按时到达会议室参加会议,那么就符合推式原则;如果与会人员没有按时到场,要等会议组织方去"拉",那么就是"拉式"的。

在两个流程节点的任务衔接中,人们一般不太重视到底应该是 A 角色推给 B 角色,还是 B 角色主动拉动 A 角色,因为这看起来是件很琐碎的小事。所以,在流程制度文件的描述中,往往没有这些细

第 6 章
基于效率最优的流程设计

节化的要求,只是说上一个活动如何,下一个活动如何,至于两个活动是如何衔接在一起的则根本不提,导致我们经常能见到在这类细节层面上扯皮的现象。虽然看起来这些扯皮并不是多严重的事,一旦受到关注,事情会很快被"搞定",但是,我认为,这种"小"事件对总体流程效率造成的损失并不小。

还以开会为例,一旦需要会议组织方逐一去"拉",那么会议实际开始时间就要推迟 10 分钟,甚至半个小时,这严重降低了会议效率。再如,如果没有机制让销售人员接收到客户订单后及时推给计划部门,那么他们放在手里闲置 3 天的情况很常见,而 3 天时间对很多行业的订单履行的周期来讲,已经是很长一段时间了。又如,如果设计人员对设计做了一个修改,但没有主动推给下游相关的工程、品质、计划、采购等部门,会造成一系列严重后果,包括:采购部门买错物料型号,品质部门以老版本物料型号检验标准把新版本物料全部判为不合格,变更前的大批量物料成为呆死料搁置在仓库,等等。又如,在维修复杂设备时,前一个维修工作已经完成,但没有及时通知到下一个维修工作负责人,结果中间会白白浪费若干时间。

很多企业对这种"小事"始终没有足够的重视，甚至出现这种问题时，处理方法是对上下游双方"各打五十大板"，责怪下游"为什么不主动去问"。从个人职业素养层面说，下游可以或应该主动找上游"扫描"并"拉"一下，看看是否有新任务来；但从机制的层面说，上下游责任之本末必须要明确，只有"推式"的衔接原则，才能保证衔接闲置时间最少，保证信息传递完整度和覆盖面最全。这就是大体。不知大体，就不能做好管理。

2. 分支化

不管在公共管理领域，还是在企业管理领域，有一个极为常见的现象，那就是在制定业务流程制度时，用"一刀切"的方式管理多样化的业务。比如，有企业不管是物品采购、服务采购、还是工程采购，用的都是一个合同模板等；不管采购金额大小，走的都是一样的审批流程，不论何种量级的客户，订单处理流程完全一样，等等。我们去各种机关或事业性单位办事时，经常碰到要填写一些表格，却不知道怎么填的情况，询问后，办事人员往往会告诉你，"这个不用填，那个也不用填"。"一刀切"本质上是一种粗放的"暴力"管理模式，会抓不住实际业务要点所在，进而浪费很多不必要的资源，

第6章 基于效率最优的流程设计

造成极不友好的客户体验。

"一刀切"的反面是企业没有规范。我曾参加中建集团一个下属公司的工程管理会议,六七个项目负责人拿出的在建项目汇报材料,报告结构各不一样,可以说基本没有规范可言。对于他们来讲,要做的事是尽快实现项目管理的标准化。对于企业中的多元化业务,"一刀切"的方式固然不可取,但为了管理的规范性和统一性,标准化也是需要的。关键是如何平衡业务管理中标准化与个性化这对矛盾。

我认为,首要是不能"懒政"。"懒政"有两种表现:一是"一刀切",企图用一套东西包罗万象;二是无所作为,放任自流。管理一定是要下功夫的,下了功夫才能知事之异同、人之好恶,才能"理"通,事才能"管"顺。"懒政"的背后,并不全部是懒惰,还有傲慢与迷信暴力。反正"我的地盘我做主",我才不管你们麻烦不麻烦、乐意不乐意。这种心态是典型的私欲淹没了公心。此种管理风格下,流程不可能畅顺。

错误的简约观也是导致"一刀切"主义的深层次原因之一。这种思想片面、孤立、机械地认为,凡事越简单越好,不问场景、不问缘由。其实就流程本身来说,有"简处",也有"繁处",当简则简,当繁则繁,实事求是才是理性的精神。在很多时候,流程就如一个跷跷板,如果"简处"安排在前面,那么"繁处"就会出现在后面;如果"繁处"安排在前面,后面就会简单。

现实中,我们常见的情况是,管理者们把"简处"留给了制度设计,把"繁处"留给了执行、留给了客户。比如,有两个购物网站,你在甲网站购买多个卖家的商品,要多次支付;在乙网站购买多个卖家的商品,则可以合并多家的账单,只要支付一次。二者"孰繁孰简"呢?甲网站是把"简"(网站功能设计)留给了自己,而把"繁"(网上购物操作)留给了客户;乙网站是把"繁"留给了自己,把"简"留给了客户。孰优孰劣呢?

除了认知观念,专业能力是影响标准化与个性化平衡的另一因素。要平衡好标准化与个性化之间的度,没有放之四海而皆准的办法,而是要基于对业务本身及业务环境的理解,因时因地制宜。因为专业能力不同,流程、评估的标准自然也就不同。企业不可能只用一种标准流程、评估标准,就可以识别出不同类型供应商的资质与能力。

比如,服务类供应商和物品类供应商所提供的"产品"不同,对他们进行认证的方式与标准自然也就不同。同样，提供电子器件的供应商，和提供定制结构件的供应商，他们"能力"的体现方式就很不同，电子器件标准化程度高，价格与供货是最重要的，而定制结构件要专门定做，工艺能力、产品质量是最重要的。所以，要扎扎实实引入一个好供应商，须以分支化的标准分别去应对。

分支化标准的设定取决于企业规模与业务量的多少。如果一个小品类就有几个亿的采购金额，那么针对它的分支流程、分支标准进行细化是值得的；如果一个大品类的采购金额才几百万的时候，从管理成本而言，细化就不太划算。

七、全要素运筹

流程设计或流程优化是对各种资源和方法进行系统性的全要素运筹与构建。一般可从效率、成本、质量三个维度，对其成果的目标进行描述。

2013年，我在一家客户的食堂用餐，发现这家食堂采用的是很久未见过的"窗口式"售餐模式。与火车站售票窗口类似，食堂开辟了8个售饭窗口，每个窗口放着一个收费的刷卡器，窗口后面站着一个营业员，营业员两侧放着两排装菜的大盆子，还有几个配送员专门负责从后面厨房搬运菜盆过来。售票窗口所在那面墙的高处有一电子显示屏，每块屏上都黑底红字显示着这餐饭的菜单。就餐员工排成8个队列，队伍一直延伸到餐厅门口外面的空地上。售餐开始后，排在最前面的员工会先抬头看看电子显示屏上的菜单，记住自己想点的菜，然后告诉窗口后面的营业员，营业员一面听就餐者菜名，一面用一把大勺子盛菜，之后计算出总金额，用窗口后面的小键盘输入总金额，就餐员工刷卡，然后收费系统会"嘀"地响一声，交易完成。买好菜的员工再从队伍的缝隙里钻出来离去。

客户也给我办了一张就餐卡。我在那个食堂吃。吃过几顿饭之后，发现了几个问题：

（1）当我排队到临近窗口位置时，抬头看显示屏有什么菜可以选择，但因为靠着墙太近了，使劲抬起头向上看，非常吃力。

（2）后来，我又发现显示屏上显示的菜品有时候是没有的。营业员一般会说这个菜已经卖完了，于是点餐的人又要再花点时间另点一道菜。

（3）还有人到了窗口会踮起脚透过窗口直接看

第 6 章
基于效率最优的流程设计

后面的菜盆,然后指着某盆菜问是什么菜,营业员回答后,点餐人可能会说"这个来一份"。

(4) 还有一种情况经常发生,当营业员盛好某个菜了,点餐人又看中另外一个菜,说我不要这个了,帮我换那个,于是营业员把原来的菜给他拨出去,再盛另外一道菜,所以效率很低。

(5) 另外,我还遇到过两次营业员把金额计算错了。

因为职业关系,我经常在不同企业客户的餐厅吃饭,包括一些专门服务于工业园或写字楼密集地方的外部营业餐厅,采用的基本都是流水线式的售餐方式。从流程优化角度去考虑,通过分析,我最后认定这家食堂的"窗口式"售餐方式是低效的,应该进行变革,转换为流水线式的售餐方式。这里我把两种模式之间的差异与优劣做一个比较:

(1) 在队列上,流水线型售餐模式或者是直线型,或者是L型,或者是U型,但有进路,有出路,而不像"窗口式"售餐方式有多个队列,买好餐的人必须要穿过队列才能离开,所以在人群排队、疏散方面更优。

(2) 流水线型售餐模式下,菜盆是按菜的类别分区放置的,就不用像"窗口式"售餐模式那样,每个窗口都必须配齐所有的菜品,装菜的盆子都可以省下不少,并且因为分区固定,菜盆是放在加热装置上的,这样保证热菜不会凉下来。

(3) 流水线型售餐模式需要的服务员数量很少。因为是事先从盆子里把菜装成一碟一碟的,不必等客人点餐了再去盛(这是应用了异步化原理),所以,一个盛菜工可以负责很宽区域的几个菜盆;在流水线的末端只需设置一个或两个收费位,一两个收费员就够了,并且因为是专业收费员,通过选人和培训可以把金额计算出错的概率降下来(我碰到的那种情况里8个营业员既点餐又收费,收费出错率自然高)。

(4) 流水线型售餐模式下点餐用时减少了,点餐人可以不用知道菜名,所见即所得,看中哪个菜直接把哪个碟子放进自己的餐盘就行了(这相当于减少了跨角色连接界面),不必像"窗口式"售餐模式那样,必须先看屏幕,再和营业员沟通。这样大大减少了沟通时间。

(5) 表面看起来,"窗口式"售餐模式设置有多个窗口,是并行作业模式,而流水线型售餐模式是串行的。但实际上,这里串行模式效率更高,一是因为以简化点餐动作(看中了就直接端)节省出了大量时间,二是因为流水线式售餐模式实际上是一种隐形的动态化并行作业,假如流水线的长度可以容纳 10 个人,在某个时间点上,其实是这 10 个人并行在买餐,是以空间换了时间。

把一家食堂从"窗口式"售餐模式改变为流水线式售餐模式,就相当于是在做一个流程变革。通过以上两种模式的对比,我们可以发现流程变革的两个典型特征:一是流程优化是以提升效率、提高客户满意度为宗旨的;二是流程优化不仅仅是对流程步骤做局部调整,而是一种全要素的运筹与重构。售餐模式要实现从"窗口式"向流水线式转型,需要变动包括场所布局、设备配备、人员分工、流程步骤等多个要素,并且运用了端到端、并行形态转化、异步化、减少角色沟通成本、推式逻辑等多种流程运筹手段。

假设一下,如果没有大幅度、全要素的流程重构,当售票窗式售餐模式遇到因效率低下导致员工抱怨、领导指示要做改善时,食堂管理者会采取什么改进措施呢?我想应该逃不出"查卡逼罚镇"的套路，比如在就餐时间要求食堂领导层轮流到现场"督军"；给每个窗口的营业员制定 KPI，检测每顿饭的售餐效率；建立"食堂提效改进小组"，主管后勤的副总挂名誉组长，食堂经理任常务副组长；让所有营业员全部下岗重新竞聘；比如利用周末组织连续两天的"食堂售餐效率检讨大会"，各块负责人带头做检讨，员工代表上台表决心；在食堂四壁上张贴红底黑字的条幅，上面写着：效率第一、员工满意第一、我们的使命是让员工吃得满意、像亲人一样对待员工、为员工加好油，等等。

八、好剧本是成功的一半

我曾经在一家企业见过一个办公用品申请与领用流程。该流程主要由三部分构成，第一部分是用文字描述工作流的签核次序，即"申请人——申请人部门经理审批——部门总监审批——行政部审批——反馈给申请人——收货——领用"；第二部分是流程说明，对每个步骤的描述大致都是，"如果同意提交给下一审批者，如果不同意退回给申请人"；第三部分是采购申请表，这包含两方面内容，一是

第6章
基于效率最优的流程设计

物品列表,二是各个审批节点,可以打勾"同意"或"不同意",并有一个备注区域用以填写具体意见。这个企业的流程管理人员还告诉我,领导要求他们在2周之内完成15个流程的OA化,这只是其中一个流程。

这件事让我感触很多,在很多企业人员的眼中,所谓流程就是一串活动步骤的集合而已。当时,我以管理顾问的身份把他们的流程人员和行政部人员叫到一起,讲了如下的话:

诸位,我们不讲流程,只是假设你们受公司之托,搞一套把办公用品申购管理起来的方案,一套比较周全地把一件事管起来、管好的方案。我们也不讲专业,只讲生活常识,如果把你们企业办公用品申购管起来,应该考虑哪些东西?有没有在脑子里把这件事过一遍?审批步骤当然要,除了审批步骤呢?我来问几个问题:第一,哪些是办公用品,哪些不是办公用品?有没有界定?比如说,有个经理要为自己的办公室备置一套工夫茶具,这算不算办公用品?第二,买一个计算器和买一套办公桌椅是否都要走同一个审批步骤?第三,有没有事先的申购标准?任何人可以申购任何办公用品吗?第四,这么多审批步骤，有没有一个费用管控的核心角色？我认为行政部应该是这个角色，应该把它的责任强化出来；第五，东西买回来后，如何确保领用人就是那个申购者，而不发生"甲的盒饭被乙领走"的情况？

当时没人正面回答我的问题。他们只是说，领导逼迫的紧急，我们只好先搞一套。

我最后说，诸位，我就说一句话，所谓流程，并不等于一个审批流程而已。它是一套方案，确保把一件事管好的方案，诸位按照这个意思去修改一下吧。

这次事件让我想到，流程其实可以被视为一个电影剧本。剧本里对场景、人物着装、台词、动作都要有描述，用于指导电影的拍摄，属于操作指引文件。其中，场景里包括场所、道具、灯光等等，也就是所有参与电影拍摄的部门或角色，都要能从这个剧本找到展开工作的依据。和电影剧本一样，流程也是基于场景操作的，一个好的流程就是指引参与流程的各相关部门/岗位工作，明确告诉他们什

第 6 章
基于效率最优的流程设计

么时候该做什么事，如何做，做到什么程度。当然，也不必胡子眉毛一把抓，事无巨细，但要尽量确保流程执行者知道怎么做，怎么协作，并能把所有部门或角色的活动串起来。

企业里面的确有些简单的事，没有流程也能做得差不多，但我不相信那些有很多部门/岗位参与的复杂流程，仅仅靠默契就能做好，这个时候就需要"电影剧本"。即使是简单的事，有剧本还是没剧本，剧本残缺还是完备，对于保证工作效果来说，也是有很大区别的。

张艺谋说过一句话：好剧本是成功的一半。我想，这句话可以移植到管理上来：好流程是成功的一半。

第 7 章
IT 的本质是规则

IT即信息技术，现代企业的运营管理已无法离开IT。IT对企业运营管理意味着什么呢？以下内容，我们将从运筹学与人性学两个维度进行探讨。

一、从效率角度看IT的价值

第一，IT可以改变企业的价值管道。

IT对企业价值管道的改变程度有高有低，高度改变就是商业模式创新。时下，人人都在谈商业模式，但在我看来，其本体是价值管道，也就是企业创造价值的路径结构。

自20世纪90年代开始，各类互联网企业兴起，它们通过构建一种新的价值管道，为人们提供满足他们需求的新产品/新服务。不管是互联网时代初期的门户网站与BBS，还是近年来的自媒体、Uber式资源共享平台，都是创立一种新的产品/服务，构建了一种新的价值管道。在IT对企业进行高度改变时，企业内部的流程、重组都面临一个从零开始塑造机体的机会，和传统行业差别甚大。因而，以Google为代表的新企业模式，不管从管理理念、组织结构，还是业务流程、企业文化等方面，都与传

第 7 章
IT 的本质是规则

统企业模式差别甚大。

对于传统行业而言，IT 以及互联网对其价值管道的改变是中度、低度的。以小米与 OPPO 为例，二者的手机及其制造过程，并没有实质性的差异，但二者的营销模式、渠道模式差异甚大。从价值管道比较二者，小米价值管道的前端主要是基于互联网的模式，而 OPPO 还主要是传统渠道代理模式。小米的运营形态相当于改变了传统手机厂商的价值管道的前端，属于中度改变，但已经对组织形态和业务流程产生了颠覆性的影响。

家纺龙头企业罗莱公司实行的是多品牌经营模式，面对网络销售渠道的兴起，罗莱创建了一个独立的品牌 LOVO，作为一个独立事业部进行运营，其后端的研发、采购、生产等共享公司大平台，但是前端市场模式、组织结构则与罗莱其他品牌事业部大不相同，接触客户、促销、交易、回款等模式也全然不同。这也属于中度改变。

借助互联网构建的与客户交互界面，企业能极大地提升客户体验与满足客户需要。在京东购物，不仅到货时间快，物品途经的物流节点也可以实时跟踪，客户体验极好。如果你想买一本书，实体书店有可能因时效、品类有效等原因买不到，但在亚马逊、当当、京东等电商网站上,很有可能买到,因为它们是按照长尾理论去做的。

IT在企业内部,带来的往往只是对价值管道的低度改变,多体现在对流程结构的改变上。传统上,一个企业的财务部门给供应商付款时,需要采购订单、仓库收货单据、供应商发票,以及采购部门提交的付款申请单这几个纸面单据相互符合才启动付款。而借助运行良好的ERP系统,则可以大大简化流程,财务部门只要在ERP中对采购订单、仓库收货单进行核对,如果二者匹配就可以启动付款,供应商发票则既可以作为事前的付款条件,也可以放在事后处理。流程路径的改变极大地提升了效率。

在实行了产品配置标准化并有IT系统支撑的企业中,其销售人员面对客户提出的定制需求时,就不必再像传统企业那样,要把需求传给商务部门后才能最终报价,而是可以借助IT系统当场进行报价,承诺交期。又如,VMI这种新型供应模式,借助IT系统的支持,可以实现让供应商提前在企业地盘上或距离企业较近的地域备好货,当企业生产线需要时,能在最短的时间把物料转移到生产线上,事后再与供应商进行结算。

总而言之,IT技术的进步,可以创造新的价值形态，可以创造实现价值的新路径。新的价值形态的本质是满足客户本有的期望，但因技术等条件限制不能提供的需求。就像在飞机发明之前人类其实也有飞上天的诉求，但要技术成熟，飞上天的需求才得以满足。实现价值新路径的创新，主要表现为IT技术显著地降低投入成本、提升时间效率、提升产品或服务质量等方面。比如，网络销售就比通过传统渠道销售的成本要低，且产品从企业到终端客户的时间差也大大缩短。

第二，提升流程运转效率。

IT带来的流程运转效率提升是最容易感知到的。效率的提升主要得益于如下几个方面的改变：

其一，IT工具替代手工作业，特别是业务活动中的计算性工作、文档处理性工作，带来更高的效率。ERP中的MRP功能算比较典型的一种。那些结构复杂、BOM层次繁多的产品MRP计算，如果不是依靠IT处理，很难想象如何去操作。越来越多企业的员工月工资的计算也被IT替代；借助OA系统，电子签名替代原来的纸上签名，不仅使流程运转效率提升，还不受地点与工作时间的限制。借助IT支持，物流企业的包裹分拣也得以快速完成。

其二，通过IT的信息共享，降低了沟通成本。

在企业运作中，花在沟通上的时间与成本都是巨大的，而借助 IT 技术，能指数级地降低这方面的成本。一个最简单的案例就是，通过电子邮件与电子公告栏，使企业中一对多的信息推送变得轻而易举，而在 IT 工具运用以前，则要通过面对面传达、电话传达，或者板报栏等方式进行传播。通过 ERP 软件，计划人员、仓储人员、制造人员、采购人员都可以即时地看到一种物料的库存信息，以及在途订单信息，而在那些传统企业，或 ERP 系统没有用好的企业内，这可能需要大量的电话沟通，甚至要到现场查看才能获取这些信息。借助 PLM 类研发管理软件，可以让公司内的相关部门即时查看研发项目的进度情况，促进了跨部门之间的互动。

其三，通过改变流程结构、简化流程路径，减少了流程用时。上文所举例中，借助 ERP 优化供应商的付款流程、实现 VMI 采购模式等，都能起到这种作用。

其四，提升流程节点间的信息传递效率。在这点上，电子审批流程体现得尤为明显，借助它可以在很短的时间内完成某个跨地域的审批流程。借助 EDI、SCC 这类 IT 工具，企业与供应商的正式信息沟通变得简洁高效，企业与供应商之间的要货预测、订单、支付等信息，都可以进行在线的即时传递沟通。

第三，指导、强制业务规范性。

要保证业务作业的规范性，可以通过培训、问责、考核等手段，但这些都替代不了 IT 在作业过程中的实时查错、校正作用。借助 IT 手段，可以将流程对业务有指导与约束的双重作用真正落到实处。以填写一张表格为例，在填写过程中，IT 系统可以对表格内各信息段内容，及其之间关联关系发挥即时地指引、提醒、禁止与校正的作用。换句话讲，借助 IT 可以保证、促进业务逻辑的正确性。

第四，提升数据利用率。

"大数据"一词时下颇为流行，但论其本质，还是对业务历史数据的利用，不过如果没有 IT 手段的支持，对数据的利用根本无从做起。数据的采集、存储与处理等各个环节，无不依赖于 IT 提供的功能。大家应该有体会，访问一些网站时，你看到的很多推送的广告是有针对性的，因为它们的大数据已经把你浏览、关注、搜索的行为特征记录了下来。对于那些公司来讲，这就是"大数据"利用。现代企业决策更是离不开业务数据支持，各种报表、指标的统计与计算都依赖于 IT 平台的支持。

二、从博弈角度看 IT 的价值

相对而言，IT 在运筹学意义上所带来的好处容易被看到，而对企业驾驭博弈所起的作用则比较隐蔽。但我认为，IT 对维护企业管理秩序，有极高的价值。

第一，建立信任，促进合作。

在博弈论常举的几个案例中（比如囚徒博弈、猎鹿博弈），都涉及一个核心问题，就是博弈各方之间因不能确保对方是可信的，会放弃需要双方合作才有效的最优选择，转而选择"损人利己"或"损人损己"的策略。假如有一种机制能够确保各方之间的信任，则能提升包括各方利益在内的整体效率（帕累托效率）。

在淘宝网兴起的过程中，最关键的一环是支付宝，因为它解决了买卖双方的信任问题。在淘宝网出现之前，B2C/C2C 性质的电子商务网站早已出现，但是在先打款后发货的模式下，诈骗事件频发，买家信心不足，网络交易规模很快就遇到了瓶颈。早期由王俊涛（老榕）等创立的 8848 网站虽是正规经营的，但因为彼时还缺少像"支付宝"这样的第三方支付平台，所以也没有发展起来。支付宝的伟大意义在于它以第三方担保方式让双方建立了信任关系，解决了网络购物的瓶颈问题。买家先把钱交给第三方，卖家再给买家发货；买家确认已经收到了货，第三方再把款交给卖家。这个模式并不是特别复杂，但是只有在 IT 技术成熟后，才能使它变为现实。

在企业内部层面，上下游部门之间经常因为传递信息的严肃性问题，影响到彼此的行动。而企业内部 IT 系统让上下游部门之间传递的信息具有了严肃性、不可逆性，从而使下游部门更有信心据此采取及时果断的行动。比如，只要销售部门在 ERP 里面正式录入销售订单并推到计划部门，计划部门就可以果断据此进行计划安排；采购部门从 ERP 收到计划部门的采购需求单，同样也可以马上展开采购执行行动，而不必担心出现问题时上游部门不认账。究其原理，是因为 IT 系统可以记录业务历史，可以厘清责任，提供了一种保障机制。相比于原来的口头化的信息传递方式，以及电子邮件这种具有一定随意性的信息传递方式，它具有不可抵赖性，更有权威性和可信性，把各方责任区分得更加清晰。

第二，提升流程透明度，强化监督。

良好的 IT 系统可以最大程度地记录业务流的全程，包括流经路线、每一活动的输入输出信息、各角色的活动等。这样业务过程就具有了可回溯性，因而也具有了秋后算账的可能性。IT 系统不仅能把业务证据链记录下来，还可以依据预设的内在业务逻辑关系，自行对流程中的关联信息进行验证或匹配，从而使业务过程实现透明化。透明化本身就是一种监督和威慑机制，把每个角色在流程中所负职责的规则环闭环，进而产生约束他们按照流程办事的压力，这与电子眼等记录类工具在维持交通秩序中的作用相当。

在十多年前，很多收费停车场用的还是纸质停车卡时，广泛存在着停车场保安舞弊贪钱的情况：如果车主不要发票，保安就可以把收费从 10 元降到 5 元，然后把钱装进自己的口袋；除非被抓现行，否则很难查出这种舞弊行为。在停车场使用电子停车卡以后，这种形式的舞弊就被彻底消灭了，因为 IT 系统自己会记录所有车辆进出的时间点，并进行一进一出的匹配，最后把每日的应收款毫厘不差地计算出来。除非保安员能够修改停车 IT 系统的后台记录，否则绝难再如纸质停车卡时代一样进行作弊了。

企业导入一家新的供应商时，如果认证和选择供应商的全程，包括供应商资质的评审、考察供应商、供应商技术能力认证与样品测试、询价等等重要节点业务都用 IT 系统连接起来，那么当供应商在后期出现问题时，就可以回溯供应商导入的全过程，找到导入供应商时对口的负责人，审视当时的评价与评价依据，从而确认是否有人玩忽职守，等等。

第三，明确分工，减少扯皮。

我常讲管理就是解决三个和尚的吃水问题。三个和尚的吃水本来也并非难事，关键是分工要清晰。除了组织分工、流程文件可以帮助厘清不同部门、不同岗位之间的职责分工，IT 系统也可以。它能从更细节、更精准的角度，更彻底地实现不同角色的职责区分。

一家手机外壳制造企业，在决定一个新产品是否可以立项的评审中，研发部、模具部、注塑部、喷印部、组装部、品质部、采购部等需要一同对立项报告进行全方面评审。每个部门针对的方面不同，有的侧重工艺，有的侧重模具，有的侧重物料，有的侧重设计。借助 IT 系统，可以把每个部门在这个评审中的详细职责内容，以结构化的方式固化下来，实现精细映射。这也就意味着，部门责任的极度明细化。这种"可清晰问责性"的做法有助于防范细节层面的疏忽、漏项与推诿。

总而言之，IT 对博弈的影响，是通过设立规则或对规则的强化，影响当事人在业务活动中的利害计算公式，促使他们各自选择合规、合理的行动，并促进他们彼此间的合作，从而实现更好的帕累托效率。以 IT 之"形而下"驾驭博弈之"形而上"，可谓"以形驭质"，其枢机所在只是一个"利害计算公式"而已。

综合本节所述，企业进行信息化建设时，应该"既见显又见隐"。"隐"之所在大体就在本节所列举的七个方面，这是 IT 价值的灵魂。对 IT 的具体运用，依赖于业务格局。格局之要最后还是体现在流程上，IT 可视为构成流程的一个要素，不过 IT 介入后的流程也往往焕然一新，不仅有更高的效率，也有更强的秩序支配能力。

第 8 章
如何度量绩效

企业为什么要进行绩效考核？其意义何在？若要"吃透"绩效考核就必须先问这个问题。绩效考核的意义可归纳为三个方面：一是为了付薪，二是为了激发员工积极性，三是为了保障管理的有效性。第一、第二个方面的意义是被广泛关注的，第三个方面的意义受关注的程度不高。而我认为，恰恰第三个方面的意义才是基础，是真正掌握绩效考核的关键所在。

如前文所述，责权利规则环是管理的基本单位，而闭环的规则环才是有效的。管理有效性的基础是建立在规则环的有效性上。规则环内核是"责、权、利"三要素，外环是"设计、评价、利益兑现"三要素。其中的"评价"就是绩效评价，即针对规则环主体角色"尽责度"的评价，它是保障规则环有效（即形成"势"）的关键所在。如果绩效评价缺失，或者不能反映真实情况，规则环的有效性就可能会被破坏。绩效度量是绩效评价的基础与关键，绩效度量问题解决了，绩效评价也就自然清楚了。

按照由简到繁、由微观到宏观的次序，绩效度量的难点或者说关键点有如下几个方面：一是度量维度对职责内涵的代表性，二是对非独立职责（即职责交叉或职责共生）的度量，三是对战略性或战役性工作的绩效度量，四是对过程的绩效度量，五是对资源与能力建设的绩效度量。

一、如何确定度量维度

一项工作职责必有其对应的成果输出，对其"尽责度"的度量，就是对其成果输出的度量。最简单的一种情况是，这个职责是独立作业中心，职责输出成果可独立呈现，不受外部角色的影响，因而对其成果的度量是最单纯的，只要找到能"代表"成果的主要维度即可。比如，度量一个担水和尚的工作绩效，就是水的多少（可以用'斤'或者'升'来度量）。但现实中，多数岗位工作成果的输出并不是如此简单，仅仅依靠直觉经验很难提炼出可"代表"其成果的维度。所以，就要讲方法论了。什么样的方法论呢？**成果必须最终能化为价值，要从价值视角倒推对成果的要求，进而提炼出能代表成果的关键维度；价值是有立场的，或者是客户的立场，或者是当事人所属更高层组织的立场，二者可以统称为关键利益干系人立场。**

举个例子，如何度量快递公司的快递小哥的绩效呢？站在快递公司的价值视角，收发快件数量越多越好，所以单位时间内的收发数量是快递小哥工作成果的关键维度；站在客户的价值视角，则还有别的价值定义，一是时效性，发快件的客户希望能尽快送达，收快件的客户希望快件能尽快到达自己手里；二是快件不能摔坏、破损。所以，取快件的及时率、送快件的用时周期与快件完好性（不破损、不丢失）也是快递小哥工作成果的维度。这样，就有了四个度量维度来衡量快递小哥的工作成果。

再举一个例子，快消品销售员的绩效如何度量？首先是销售额，越多对公司越有利。仅仅这个维度够不够呢？不够！因为销售额上去了，有可能毛利润下来了，当售价过低、销售费用过高时，毛利润就会下来，而很大程度上这个取决于销售员的努力，所以毛利润也要算一个维度；销售额和毛利润这两个维度是否能完全"代表"销售员的工作成果呢？还不够！公司价值的最终兑现是要回款"落袋"，而销售员与客户达成的付款条件、对客户的"管理"都会影响回款，所以，回款情况也是度量销售员工作成果的一个维度。这样，就要用销售额、销售毛利、回款情况三个维度来度量销售人员的工作成果，即度量销售员的工作绩效。

通过进一步归纳，可以把不同职责的度量维度归类为三个，即成本维度、时间维度、质量维度。成本维度相对容易理解，一般是材料费用、人工费用、服务费用等。不过在企业实操中，很多时候在微观和局部范围内很难统计成本维度的数据，只有放大到全局性或大模块层面，才可以拿出比较精准的数据。时间维度也不太难理解，具体的表现形式是用时（周期）、及时性、柔性等。最复杂的是质量维度。工作输出成果（产品、服务）不同，"质量"的定义也就不同。实物类成果的质量一般以实物的性能及物理特性度量，比如工厂里常用的良率、合格率等；非实物类成果的"质量"含义则要更复杂一些，比如饭店服务员的服务质量与销售员工作质量的度量方式就会有很大不同。质量、时间、成本三个基本维度能对设定绩效度量维度起到一个引导、参考的作用，但在度量绩效时不必强求把三者一个不落地都用进去。

度量工作成果的维度不仅需要从公司或客户价值倒推，还需要考虑职责边界。**度量维度必须在角**

色的职责范围内。也就是说，如果有些维度的权责并没有交给角色，他的努力并不能左右这个维度的表现，就应该排除这个维度，这是权责对等的基本原则。比如，上文销售员绩效度量例子中，如果他只负责销售，但没有产品定价权，那么销售毛利这个度量维度就要做出调整了，销售费用还与他有关，但售价则与他无关了，要剔除掉。在快递小哥的例子中，假如快件费用不是统一的，而是快递小哥与客户谈出来的，即议价在快递小哥职责范畴内，那么在衡量快递小哥工作成果的维度中，就要加入这一项，因为这是他的职责。

对绩效考核设计而言，识别出职责的度量维度是第一位的。如果维度错了，后面的工作都会失去意义。度量维度之下是度量单位和评价标准。成本类维度的度量单位一般是基于平均的"某种单位对应的金额"，比如一部手机的材料成本、制造成本、销售成本。时间类维度的常用度量单位有平均周期（天）、及时率/准时率、某时间单位的产出等，比如订单履行周期、采购周期、研发周期、订单及时发货率、采购到货及时率、日产量/月产量等。质量类维度的度量单位，度量实物产品的有合格率、不良率，其他还有客户满意度、客户投诉率、回款率、完成率等用来度量其他非实物产品。

评价标准是绩效考核操作中的另外一个重点。评价结果是基于成果的实际量度与标准/目标的比较得出，比较就需要一个目标或参照标准。比如，要使用良率这个指标评价一个车间工作成果的质量维度，良率算出来后，如何做评价结论呢？与目标进行比较。假如公司设定良率是90%，实际良率是80%，就可以得出一个结论性的良率分数0.88。企业一般依据历史经验数据或业界外部数据来设定评价标准或目标，同时还会依据公司经营计划、经营目标的分解做一些预期性的调整。比如，对销售员的工作评价可通过比较实际销售额与销售目标得出，超出了就是优秀，正好就是合格，达不到则是不合格，而销售目标一般则是基于上期经验值、本期市场形势分析、公司销售期望综合而定的。

理论上来讲，设定采购部门或采购员在降低成本方面的评价标准，最优的方法是与业界、与竞争对手采购成本进行比较，但因为外部数据难以获得，所以并不常用。常用的是用"环比"或者"同期比"的方式，与企业自身历史采购价格进行比较。

在成本压力比较大的企业，还经常用目标采购价的方式作为比较标准，但当目标过于主观，失去现实基础支持的时候，则往往会带来比较大的负面作用。

现实绩效考核中，常把不同度量维度的评价整合为一个"总分"，其中就涉及如何整合的问题，具体表现为如何为各个不同独立维度设定权重。比如，评价快递小哥"尽责度"的收发数量、收件及时性、平均发件周期与快件完整性的四个度量维度，应如何分配权重？又比如，评价销售员"尽责度"的销售额、销售毛利、回款情况的三个度量维度，如何分配权重？实事求是地讲，很难用精准量化的方式去计算出不同度量维度的权重，只能基于各度量维度对于公司价值和客户价值影响度的评估，以及阶段性管理倾向性（如某个阶段快递公司会重点治理收件不及时问题），对各个度量维度的重要性进行定性地排序和分配权重值。

值得说明的一点是，绩效度量未必非要是数字化的形式。很多情况下，数字其实也是由定性直接转换过来的，当实在难以用数字表述的时候，或许用定性方法进行描述反而更不容易走偏。

二、如何度量非独立职责的绩效

企业中更多部门或岗位的职责，不是如快递小哥或销售员那样独立，而是与其他部门或岗位职责相依赖与共生。这种情况下，针对某个部门或岗位的"尽责度"度量就变得复杂了。非独立职责大致可分为两类，一类是平行依赖关系的职责，一类是前后依赖关系的职责。

平行依赖关系的职责，又分两种情况：

一种是不能单独履责，必须多角色共同履责的，其成果也是共同的、不可分的。通俗地讲，就是多个角色同做一件事。比如两个和尚抬水，必须共同履责，其努力的结果也不能单独呈现，必须以共同成果方式呈现。足球运动员的职责也是一样的，他是球队的一员，必须同其他球员一起踢球，比赛的结果不是某个球员的独立结果，而是球队共同的工作成果。又比如，在工程、咨询这两个行业中，销售过程需要销售员和专业技术人员一块参与，销售成功与否取决于二者的共同努力。

针对这类成果一体化情况的绩效度量，因为很难区分谁在成果里面占了多少比例,所以绩效考核时,一般会用同一套对成果的度量维度,比如NBA冠军队伍的每个成员都会拥有一枚冠军戒指。如果一定要对不同角色履责情况进行区分度量,则只有去测量履责过程(过程中的失误、劳动量等),如在足球比赛中统计每个球员的跑动量、活动范围等。这些对理解结果有帮助,但并不等同于结果。如果要对参与各方进行论功行赏,比如一笔奖金的分配,很多时候只能依靠定性判断。

另一种是可以分别履责,但各自履责成果必须要经过"合并"才能呈现为完整成果。比如,和尚们要做一锅汤,有人挑水,有人摘菜,有人去砍柴,有人烧火,有人熬汤,大家的工作成果合并在一起,才有了那一锅汤。又比如,车间 A 生产一种部件,车间 B 生产一种部件,车间 C 生产一种部件,最后三种部件合并在一起才可以成为一个产品。又比如,开发一款电子产品,硬件部、软件部、结构部各自有各自的职责,但它们各自的输出要合并后才成为完整的产品设计。

针对这种类型职责的绩效度量,一般可度量其"半成品"成果,不过即使各角色"半成品"度量效果都比较好,也并不一定意味着"成品"效果也

第 8 章
如何度量绩效

是好的,因为"成品"并不是"半成品"的简单累加,而是需要契合的。契合出了问题,"成品"也会出问题。所以,度量这类职责绩效时,除了对"半成品"的度量,还应该把合并后的"成品"结果纳入度量维度里。比如,对硬件开发人员的绩效度量,不仅只有硬件方面的维度,与整机成果有关的其他度量维度(如总产品开发周期)也应被部分纳入。

而前后依赖关系的职责,分别以上游角色视角和以下游角色视角去看时,又会呈现出有差别的两种情况。

一种情况是站在下游角色视角去看,上游的输入会影响到下游角色自身的职责输出结果。比如,两个和尚抬水所用的木桶是第三个和尚制作的,如果木桶漏水,就会影响到两个和尚抬水的成果。又比如,采购部门降低采购成本的效果并不完全取决于采购部门,还会受到研发部门的产品设计、对原材料的选型的影响。又比如,在流水型生产线中,上一道工序如果产出不连续,或者产出有严重的质量问题,就会影响到下一道工序的工作成果。若从公正性出发,对这种职责进行绩效度量时,就应该要剔除上游的不合格输入。比如,当采购物料的良率情况影响到车间制造良率时,如果能识别并剔除因上游采购的因素，才是最公正的，也能对车间产生最好的激励效果。但是，现实中往往在统计技术上难以计算与识别这些因素，所以多数情况下不会做出剔除，而是让下游职责完全承担这个绩效评价结果。

另一种情况是站在上游角色的视角去看，其职责输出成果的价值要在下游环节的输出成果中才能呈现出来。这样对其成果就不能直接度量了，而是要通过对下游环节的输出成果，进行间接度量。比如，负责制作木桶和尚的工作成果绩效，在木桶刚做好时还不能完全度量出来，要等另外两个和尚抬水之后，才能知道这桶的优劣。又比如，研发部门在研发设计过程中对成本的控制情况，仅仅基于研发样机是难以度量的，要在下游制造环节（体现工艺成本）、采购环节（体现采购成本）中才能得到真实的呈现。又如，计划部门计划工作的成果度量，仅仅基于计划本身不能进行合理度量，必须要通过产品制造、采购执行环节的成果表现才能反映出来。

这类职责的绩效度量，最公平的做法无疑是，在统计技术和统计成本能够支持的情况下，从下游环节识别出来源于上游的不合格输入，并把不合格输入倒推计入上游职责的绩效。但现实中，往往去量化识别上游对下游的影响，比如研发物料选型对采购成本绩效的影响，就很难进行量化的统计（如研发本可以选择一个通用型号的器件，却选择了一个定制型号的）。这时，比较可行的办法是，或者干脆忽略上游对下游的影响，或者是在对上游角色的绩效度量中，部分纳入下游成果的度量维度，如在研发部门的绩效考核项中纳入BOM成本考核。

在上面分析的两类、四种不同职责的绩效度量中，第二种和第四种都涉及了一个办法，就是在被考核角色的度量项中，纳入由其职责输出和其他职责输出一块构成的合并成果的度量维度。比如，硬件开发人员的绩效评价中纳入了与产品整体有关的度量维度。

但是，这么做又需要考虑另外一个问题，就是绩效评价与职责范围对应关系的敏感性。如果一个角色在其职责内的努力，并不能明显"撬动"包括其他角色职责在内的整体成果时，绩效评价对这个角色的激励效果就是有限的，中国计划经济时代的"大锅饭"就是这么一种情况。理论上看，每个人的努力都会影响整体效果，但每个人都认为，仅仅自己努力并不能有效促进整体效果，且自己由此得到的回报也未必与自己的努力相匹配时，于是就干脆不努力了。这样就处于一个两难处境：如果把局部与整体的考核绑定，可能会有"大锅饭"式的弊端；如果不进行考核绑定，明明局部的"尽责度"也会影响到整体成果。怎么办？一是尽量寻找能够通过局部度量就可以比较完整"代表"局部尽责情况的度量维度；二是不得已要把考核绑定时，要拿捏好那个"度"，绑定度要足以让局部角色不会无视这项考核，同时也不会让局部角色因绑定太多而产生"吃大锅饭"的那种感觉。

三、对战略性或战役性工作的绩效度量

在企业经营管理中，往往会依据实际内外形势，制定一些有倾向性的阶段性管理目标或运作战略，还可能另外制定一些专项任务。相应的，各相关部门或岗位的工作也就必须要顺着这些倾向性的指引走，或根据专项任务的要求走。于是乎，对各相关部门或岗位的绩效度量，也就需要进行改变，体现出对应的倾向性。那么，应该如何度量这两类情况

第 8 章
如何度量绩效

下的绩效呢？

首先，还是要回到职责上，因为绩效度量是由职责定义的。问题是，在这两类情况下，一般也不会针对性地修改组织/岗位职责文件或修改流程文件。也就是说，此时对职责要求的变动是隐性的，多数情况下人们不会想到这意味着职责的调整。然而，从绩效度量的角度上，则必须要清晰认识到职责到底发生了哪些改变，并据此了解并掌握职责输出成果要求发生了哪些改变，然后重新调整改变之后的职责成果度量维度和度量标准。

比如，当企业在某个财季把扩大市场份额作为主要目标，为此可以牺牲销售毛利时，实质是对销售员的职责要求发生了改变，至少是职责的排序发生了改变：突出了卖出更多东西的职责，削弱了保证销售毛利的职责。与此相对应，对销售人员绩效的度量，也就要做出调整，比如降低销售毛利考核的权重，甚至取消对销售毛利的考核。

对于专项任务，多数情况下，参与任务的角色职责还是由其原有职责延伸出来的，但严格讲，职责还是发生了改变。对应地，对参与角色的绩效度量和度量标准也就需要另行定义。比如，当一个企业设立一个在三个月内把产品 BOM 成本降低 30% 的专项任务时，虽然研发、采购、品质等部门干的活还是在各自职责大范围内，但从专项任务的角度看，其实是在任务期间改变了各部门具体的职责，这些部门职责组合中的投入、权重、成果或多或少都发生了改变。这样，在这个任务中，对任务各参与方的绩效度量（包括维度和标准）就需要重新定义，比如采购部门当季的考核，在常规考核之外，就要把与专项降 BOM 成本任务项目的绩效度量维度和标准加入进来，甚至是替代常规考核中原有的成本考核内容。

　　因为专项任务本身的特殊性，与常规职责有不少区别，所以对专项任务中参与者的绩效考核方式，也应与常规职责考核方式有所区别。专项任务一般是一次性/临时性的，有比较明确/量化的目标，有明确的时间要求，一般以工作小组或项目组形式运作。针对这些特征，可以抓住对其考核的一些要点：一是，与常规工作相比，更重视终极任务目标，任务目标如果没有实现，是"一票否决"的，其实这意味着更重团队绩效一体化，即绩效绑定；二是，任务过程中的关键成果，可视为对任务目标的支撑性度量维度；三是，任务可以嵌套，子任务的目标若实现了,就相当于完成了总任务的关键成果的一部分。近年流行起来的 OKR(目标与关键成果法)绩效考核方式主要通过对目标和关键成果的度量实施考核,比较适用于考核任务型工作。

第 9 章
集成产品开发的核心思想

集成产品开发（Integrated Product Development，简称IPD）是一套产品开发的模式、理念与方法。IPD的思想来源于美国PRTM公司出版的《产品及生命周期优化法》一书，该书详细描述了这种新的产品开发模式的各个方面。IPD于2000年开始经由IBM传入华为，并以华为为辐射点，十多年来在国内多个行业的企业管理领域产生了较大影响。

有次我面试几名研发领域的咨询顾问，他们都表示熟悉IPD。于是，我问了一个问题：如果拨冗去繁，把IPD与传统研发管理模式进行比较，IPD最本质的特征是什么？请用最简洁的几句话总结一下。结果没有一个人的回答能令我满意。我转而问了另外一个问题：与传统盖杯式泡茶方式相比，现在很流行的工夫茶独有的特征是什么？或者说，工夫茶的本质是什么？结果他们的回答包括，工夫茶要有很小的茶杯、有专门的桌椅、自带烧水装置等方面。我听了一直摇头，最后他们想知道我的答案，我说：

"刚才你们说的，都是形式上的东西，没有触及本质。如果把泡好的茶作为产品，那么工夫茶这个产品最核心的特征，是以远多于传统泡茶法的茶叶

第 9 章
集成产品开发的核心思想

量,让开水与茶叶只进行较短时间的接触,而把茶泡出来。传统泡茶方法是把茶叶投入茶杯中,茶叶和水一直在一起,开始时茶好喝,但泡时间久了,味道就差了。现在流行一种泡茶的"飘逸杯",就是在杯子上面内置了一个套杯,旁边有个小按钮,先在套杯里面放上茶叶,再冲入开水,然后按下按钮,水就从套杯的小孔里流到主杯。理解了工夫茶的本质,就会知道用这种"飘逸杯"泡茶,也算是工夫茶。更进一步讲,即使没有专门茶具,只是用两个普通杯子,也能泡出工夫茶。"

之所以谈及工夫茶这件事,是因为我感到人们要真正理解一个事物,穿透事物的外在表象洞悉其实质性的东西,是非常不易的。而在企业管理活动中,人们因为理解事物不够深入,以表象为实质,因此而不知浪费了企业多少资源与时间、多走了多少弯路。

在这里我用一章的篇幅讲解庞大的集成产品开发,不为展示一个枝叶茂盛的完整体系,只为透过繁复的外在形式,提炼出 IPD 中最本质的东西。只有理解了事物的本质,才能在不同的环境中,真正地、灵活地运用它,让它发挥应有的价值。

一、与市场对焦

产品研发第一要关注的就是,是否扣准了市场的脉搏。产品对市场需求的契合性直接决定着产品价值的纯度。

除了相关人员对市场的个人把握能力,企业感知市场需求的触角机制建设才是重中之重。企业的市场部门的组织分工与合作方式、产品定义的流程体现了企业对市场的感知方式与角度,及把这种感知变现为产品定义的精度。分工就意味着赋予了相关部门各自独特的立场。立场是个有色眼镜,分工不同的相关市场部门戴着不同的有色眼镜去看市场,其所见所闻、所思所聚不可避免地被其立场所裹挟。

有些企业主要是研发部门决定产品的定义,其产品的技术属性往往会得到较大的关注,而其对市场需求的契合性方面则容易出问题。有些企业的市场组织是渠道导向,产品主要由渠道部门来定义,则容易聚焦在渠道最前线的竞争场面中,市场需求会比较快速反馈回来,因而产品定义不会偏离市场需求太远,但是容易有短期倾向,且产品的个体精度不太被重视,产品的数量会猛增,不同渠道之间的产品整合也往往比较差。有些企业主要是通过产品线来定义产品,产品规划会比较清晰,对产品个体会比较重视,也比较重视长线规划,但是往往会忽略产品短期的市场"格斗"能力,且对不同渠道、不同市场细分的差异性关注不够。

实事求是地说,立场"短板"是客观的存在,要克服不同市场分工方式产生的不同"短板"问题,就不能仅仅依靠"单极"立场来定义产品,要建立"多极"性的跨部门联合决策机制。而建立实质性的跨部门联合决策机制,绝非出台一纸产品立项制度那么简单,背后不可避免还会有部门实力的较量。如果关键部门之间不能形成制衡,结果还是会是事实上的"单极"决策模式。比如,一个企业渠道部门过于强势,产品部门过于弱势,后者就很难实质性地从不同的立场去平衡前者;反过来,如果产品部门过于强势,渠道部门过于弱势,同样难以取得实质性的平衡。

企业内部的市场需求管理可分为两个层次,第一个层次是较宏观的,面向产品集合(即组合);第二个层次是较微观的,面向具体产品。

第一个层次的市场需求管理,一般与公司整体战略是直接对接的，是对公司战略的展开和动态细化；也是围绕"所能"与"欲取"进行匹配的，其工作重心更多放在"欲取"方面。"欲取"必须建立在市场需求基础上，即了解市场、细分市场，在此基础上进行可行性分析与评估，最后形成"欲取"的产品组合，以及相配套的业务策略与计划。

看起来，这个过程的逻辑步骤并不很复杂，但要完成这项工作，参与的部门会比较多，包括销售部门、营销部门、产品部门、研发部门、财务部门、公司级的产品决策组织，甚至生产与供应部门。如果没有结构化的工作分配，这种联合"作业"是很难取得实效并保持工作效率的。所以，常规的办法就是把全程工作模板化、交付化，沿着流程活动次序把每个角色的具体工作落实到"无歧义"的程度。这样一方面可以指导参与者的工作，另外一方面也明确了每个部门和角色的权责，保证分工后的工作成果能够无缝拼接为一体。如果不建立一套清晰的市场需求管理机制，只是依靠能够"话事"者的经验进行判断和决策，那么可靠性与周全性都很难保障。

第二个层次是面向具体产品的需求管理，有两个重点：首先它应该且必须在第一个层次输出的产

第9章 集成产品开发的核心思想

品组合范畴之内;其次是要建立一个连贯的、紧密的产品需求管理链,或者说端到端的需求管理链。

理解端到端的需求管理链有如下几个要点:

第一,开发工作必须与来自市场和客户的需求敏感联动。

如果前端需求变了很多,而后端开发还是不受任何影响,自顾自地前行,那么就可以说二者没有建立敏感联动。

第二,不能轻筹划、重执行。

轻视前端需求管理工作,势必形成"头小尾大"的局面,开发前期可能还看不出多大问题,到了开发后期,各种变更、例外层出不穷,把前面欠的会在后面连本带利偿还。事实上,在企业研发管理中,"头小尾大"是极为常见的一个状况,这就像一个人要出门去做一次"说走就走的自驾游",临行前没有做什么准备工作,出了门就会逐步发现忘带了很多东西,于是要不断返回取东西、不断找超市买东西;也没有做好线路规划,所以不断绕弯路。

第三,跨部门联合定义产品。

产品的属性是多维度、多层面的,涉及市场、软硬件开发、结构开发、包装设计、工程与制造、采购、质量、售后等多方面业务。为确保每一个属性都能接地气、可落实，就应该也必须卷入相关部门联合对产品进行定义，兼顾"应该怎样"与"能否怎样"。也就是说，通过跨部门联合作业和决策，对产品定义涉及的各种属性在多部门之间达成共识，确保被定义的产品不但是满足市场需求的，还是能在生产上实现的。如果缺乏这种机制，则组织机构是不均衡的。部门之间不能形成必要的协同与制衡，最后偏颇于某个部门的立场，从而导致产品定义也是不均匀的，最终在某些方面出问题。比如，如果在产品定义时，最熟悉产品成本的供应链部门不能参与或没有话语权，那么产品成本就不在掌控之内了。

联合互动机制一旦真正建立起来，就会发现过往那些让各个部门烦扰的各种问题都"烟消云散"了，产品开发过程中的"意外"频出情况也会大大好转。多部门联合定义产品的过程，也必是一个多边博弈的过程。要驾驭这种博弈，就需要清晰的规则。清晰的规则意味着清晰的分工，而分工要清晰，就必须沿着动态业务流进行场景式的细化设计，对每个活动进行清晰的界定，让不同角色的不同活动的输出能够齿轮式耦合。细化工作一般会体现在分类化、模板化、标准化上。总之，要确保联合机制的有效性,就需要从驾驭博弈的视角进行机制的结构设计。

第四,需求管理是个连续的过程,并且其形态会随流程推进而不断变换。

需求与产品属性的对应关系并不是一步到位的,中间可能有多次相互衔接的形态的变换。从终端客户需求到市场需求,到产品需求,到设计需求,到制造需求、品质需求等,是一个有层次的推进过程,后者总是以前者为基础,中间有分析、有分解、有转换、有试错。除了负责形态传递与转换的当事人的专业能力,传递需求的流程管道也非常重要,它指导并规约需求在开发流程中的有效传递。所以,流程管道的建设也是重要的研发管理内容。

需求传递与变换路径长了,转换与推进过程就容易出错,失真概率也就加大了。前端客户与市场的需求到了后面,有些可能就会被忽略、被误解。以魅族、小米为代表的新兴手机品牌创新性地利用BBS论坛,让有活力的发烧友客户与开发人员可以进行直接的互动,这可以帮助开发人员直接获得来自原始客户的一手需求信息,大大促进了产品与市场对焦的精度和效率。我认为,这个做法具有广泛的可借鉴性。

第五，需求变更要"讲规矩"。

客户与市场的需求往往会在中途发生改变，这往往会破坏多部门工作之间的协同关系，因为它们都是以此需求输入而平行展开工作，需求传递路径具有一定的规范化。而需求变更会打破原有的规范，导致严重的疏漏和对接出错，不仅有些工作需要返工，导致效率降低，更造成了研发成本的巨大浪费。即使像魅族与小米采取的通过网络直接与终端客户互动的短路径需求管理方式，其公司内部也一定有规范的需求传递与变更路径，否则一定会出现混乱。

两个层次的市场/客户需求管理，都受一个核心观念的统领，就是视产品开发为一种投资行为。我曾经看过一个故事，韦尔奇出任通用电气CEO伊始，向德鲁克征询有关企业成长的课题。德鲁克问了韦尔奇一个简单的问题：假设你是投资人，你会投资通用电气的哪些业务？这给了韦尔奇莫大的启示，于是杰克·韦尔奇做出了那个广为人知的决策：通用电气旗下的每块业务，都要在行业数一数二，否则就退出市场。德鲁克之问，不仅适用于评估和判断某个业务板块，同样适用于一个产品线、一个产品组合、一个具体的产品。

二、开发的系统工程优化

先忽略产品开发中的组织与人员，仅仅把产品开发看成一个客观主体来看待，它本身的系统工程构建也有很大的优化空间。系统工程是一门约于1960年形成的学科，其目标是实现系统最优，其手段则是高度综合性的，涉及"三论"、应用数学、信息技术等。我认为，可以把系统工程视为一种广义的运筹学，即通过对系统结构、系统构成要素的不同排列组合，寻找系统化的最优。毫无疑问，产品开发是一种系统工程。基于业界各种优秀实践，以下，我把比较常用、影响又比较大的系统工程优化方法做一个分析。

第一，通过资源或工作成果的共用、重用，实现资源效率提升。

其核心思想是，有意识提取并形成产品构成中的共同要素，这些共同要素可能是技术性要素，可能是规格性要素，也可能是物件性要素等。通过对共同要素的利用，使产品在成熟度、可靠性、效率、成本等维度上的表现得以跳跃式提升。

产品平台就是这种共用/重用思想的一种应用。企业基于整体产品战略规划、技术规划，先开发与搭建产品平台，之后这一个共同产品平台延伸开发出不同的产品品种。其中，汽车制造业是应用产品平台最成熟的行业之一。一家汽车制造企业可能只有几个产品平台，但基于这几个产品平台可以快速、低成本衍生出多个不同系列、不同型号的汽车。比如宝马 X5 系列 SUV 与 7 系轿车是共用底盘平台的；丰田研发平台 TGNA 的 C 型号平台则产出了凯美瑞轿车与汉兰达 SUV。

产品平台一般具有特定的架构、共享性强、方便二次开发与扩充、与上层接口相对清晰简洁等特点，不过产品平台本身的规划需要极强的专业能力，要对底层技术、产品构造、模块组件、产品定位等有着极为深度的认知。在实际运用中，产品平台的规划与构建也要基于多种维度考虑，比如性能、成本等，此处不赘述。

在共用平台这个层次之下，还有模块级、部件级、零件级的共用层次，这就是 CBB（Common Building Block，共用构建模块），其核心在于高复用率。通过技术性提炼、规则约定、组织保障形成一定范围内共用的 CBB 数据库，在产品架构构建与开

第 9 章
集成产品开发的核心思想

发过程中，必须优先考虑使用 CBB，即以机制保证优先考虑可共用的模块，之后是部件与零件或元器件，只有那些在现有 CBB 数据库中找不到的，才可以创立新的模块或新的零部件型号。

CBB 的最大价值是效率提升。首先是节省了时间，CBB 使得本来在产品开发过程中要花力气去做的事，能提前做好；其次是成本节约，CBB 的通用性使其设计成本、制造成本、采购成本都会大幅降低，也大大降低呆滞库存的情况；再次是质量保证，CBB 是已经被验证过的，其质量有保障；最后是产能保证，CBB 的通用性，使得其可以用批量方式进行采购或生产，产能得以保证。

第二，异步开发，把技术开发与产品开发相分离，把模块开发与整体开发相分离。

研发中的异步开发是典型的异步化案例。其实，异步开发和资源/工作成果共享其实是一回事，前者是从过程角度进行描述，后者是从结果角度进行描述。把技术开发与产品开发相分离，是基于产品平台概念的内涵，先把技术性要素、技术平台独立开发出来，作为通用资源放在一旁，在产品平台开发或产品开发时，以"拿来主义"方式调用既有的技术性成果。CBB 其实正是异步开发的结果，此处不多赘述。

第三，先进行系统分解，再进行系统集成。

其实，这是个通用法则，一般包括需求分析、功能分解、系统集成三步。在实际操作中，并不会截然地区分出三个步骤，而是需要反复彼此验证、反复调整，以达成最终集成效果。其要诀在于"分""合"一体，"分"时就在考虑"合"，能"合"才能"分"。

第四，把串行工作变为并行工作。

把串行工作变为并行工作，最常见的情况就是，在产品研发的早期阶段就把研发部门之外的其他部门引入到项目中，把这些部门的工作启动时间点提前，而不必等到样机确定甚至产品发布才开始有所行动（传统研发模式往往是这样的）。其实，依据最初的产品概念，采购、制造、计划、销售等部门就可以开始制定各自领域的策略、计划了，如销售部门可以开始着手销售预测与计划工作；计划部门可以开始制定未来的订单履行策略；制造部门可以开始进行装备和工艺总体方案设计；采购部门可以开始寻源供应商，等等。随着研发里程碑的推进，这些部门都会同步把各自工作不断深入下去。

三、跨部门集成机制

上一小节主要从运筹学视角看问题，考虑研发工作的系统工程本身，而没有特别关注"人"的要素。这一小节我们侧重从"人"的视角看问题，分析如何驾驭人们的博弈行为。

第一，建立端到端的流程。

产品开发的过程一般都很长，包括立项、概要设计、详细设计、制样、测试验证、小批量生产、量产等多个阶段，其中每个阶段包括的活动数量也很多。同时，这个过程也会卷入众多的部门。这种情况下，以端到端的流程作为主轴，把所有部门/角色在不同阶段的众多活动连接起来，形成清晰的流程路径是非常必要的。如果不能打通产品开发的全流程，就意味着一个庞大的系统工程没有集成"图纸"，从而无法保障集成效率和质量。

研发流程有两个明显的特征，一个是流程分支多，一个是支撑性的流程多。所以，其端到端的流程并不是简单的"一根刺"形状，其中众多的闭环的分支流程，使它看起来更接近于有主轴的网状结构。而支撑性流程是可被产品开发主流程调用的流程（甚至有不在研发领域的其他流程），它们与产品开发主流程的接口关系也是端到端流程的重要构成部分。由此我们看出，端到端流程建设的实质是一种"序化"，是把一个庞大体系的各种资源、各种要素、各种活动进行"序化"。"序化"的体系才可以被整体掌控。

第二，跨部门的组织。

当产品相对简单时，一般以直线式组织配合开发流程，就能够满足支持产品开发的需求；当产品稍微复杂了，则需要建立轻量矩阵化的项目团队；而在产品很复杂的情况下，就需要建立重量矩阵化的产品开发团队了。

任何企业都会存在一定的"部门墙"。对于规模较大、牵涉部门很多的复杂产品开发而讲，通过更清晰的流程建设、绩效管理等方式，一定程度上可以削减"部门墙"的厚度，但始终还是有干扰。建立跨部门的重量级产品开发团队，是驾驭多部门之间多方博弈的一种比较现实的选择。通过这种改变博弈形态的方式，来保证具体产品开发项目在资源获取、跨部门决策、例外处理等方面的效率。业界

第 9 章
集成产品开发的核心思想

主流把这种重量级产品开发团队称呼为 PDT（Product Development Team）。

PDT 作为一个跨部门的项目团队，不仅包括开发工程师，如硬件开发员、软件开发员、结构开发员、ID 开发员、测试人员等角色，还包括相关各部门的代表，比如采购代表、制造代表、销售代表、品质代表、工程代表、财务代表等。PDT 的负责人是一个重量级项目经理，即拥有对重度授权，全面负责产品开发，发挥着直接的、综合性的影响。各个部门的代表则被视为各个部门在项目组中的全权代表。他们的工作是双向的，一方面是在研发各关键节点代表本部门参与评审与决策，另外一方面则相当于 PDT 分派给各部门工作的子项目经理，负责统筹协调本部门被分派的工作。PDT 通过各部门代表，可以和各部门建立一种比较紧密的、有效的、高效的联系。这种机制下，各功能部门的经理更多是一种幕后支持角色，核心工作是负责本部门的资源与能力建设。

PDT 机制本质上是一种矩阵式管理模式（参见本书第 4 章第 5 节）。从驾驭组织博弈的角度看，PDT 机制其实就是通过构建新的虚拟组织角色，改变博弈形态，冲击直线管理模式里存在的官僚主义壁垒，在直线式组织结构博弈和项目型组织结构博弈之间寻求一种相对不坏的平衡。

从决策与执行分立的原则看，PDT 属于执行角色，对应的还有一个决策组织，通常也是一个团队。我们姑且称这种决策团队为"产品线决策委员会"，一般由产品线或公司层面的高级管理者与资深专家组成，它扮演的是一个投资决策者的角色（与此相关的其他内容请参见第 4 章第 4 节）。对于业务规模较小或非多元业务企业，设立一个决策团队就够了，反之则可能需要设立多个决策团队以对应不同产品组合或产品线。

第三，项目管理流程化。

作为一门已经比较成熟的管理学科，项目管理有自己的一套方法论。其实，开发一个产品就是在做一个项目。那么，如何看待项目管理与产品开发流程之间的关系呢？这不是一个纯理论问题，而是一个现实中必须面对的实践问题。企业内部的产品开发，从项目管理上看，是一次性任务；但从动态发展的角度看，产品开发是反复进行的，其流程是可以固化下来的。所以，产品开发必须融合项目管理与流程化管理两种不同的方法体系。我提出的一个处理总原则就是"项目管

第9章 集成产品开发的核心思想

理流程化"。

对于"一次性任务"性质的项目管理，强调的是分工、范围、责任。因为管理空间是比较大的，一般不会在项目推进路径上花力气建设精细的流程，在大框架明确的前提下，更多是依靠人的能动性，重视权变，总体上呈现以人为中心的"片区化"管理特征。而流程管理是基于重复作业的，强调模式的固化、流程路径的相对固化，由此形成的管理空间相对较小，需要精细化、法治化，总体上呈现以流程为中心的"链式"管理特征。因此，在产品开发项目中，以流程管理为主线，能够把项目管理五大过程、十大领域等内容以流程方式固定下来，将二者有机融合，实现"项目管理流程化"。可以这么讲，项目管理提供了丰富的管理思想指导与实用工具，而流程化管理则可以把它们集成起来，形成一个管道、一套体系。

第四，节点式推进。

产品开发流程中由分到合、由合到分、发生形态变换的节点就是K点，比如经过分析论证决定是否要立项的K点、设计评审的K点、样机确认K点、测试验证K点、小批量验证K点、量产K点等，这些节点在产品开发管理中具有重要的里程碑作用，可利用价值空间非常大。不过在很多企业的研发管理体系中，并没有重视并积极利用这些K点。

如果把产品开发视为投资行为的话，产品开发过程中的部分K点可以作为投资审视窗口，来判断投资的风险，以及是否要追加投资或者削减投资，甚至取消投资。

从多部门协同的视角看，K点可起到协同校正点的作用，超前的等一等，落后的跟上来；也起到质量验证点的作用，交付质量未达要求的分支工作可以在这个点被发现，并及时采取相应措施。

从组织分工的视角看，K点起到强化不同部门责任区分的作用，并能及时发现权责模糊之处并做出对应处理。

从技术角度看，研发过程中某些活动反复迭代也是正常的，K点为迭代划分了区间性缓冲区，既能防止发生代价巨大的返工（一般是流程后期才发现问题，这时要对前面大部分工作进行返工），又能让K点区间内的迭代具有足够的灵活性。

从项目调度的角度看，K点也扮演了一个对下一阶段工作进行具体安排的"调度窗"角色。

从监管的角度看，K点为外部监察者或高层领

第 9 章
集成产品开发的核心思想

导提供了一个便利的"观察窗"。

从项目进度管理的角度看，K 点帮助形成了一种步步为营的推动力量。

关于 K 点的更多内容参见第 6 章第 5 节。

第 10 章
集成供应链的核心思想

集成化供应链管理（Integrated Supply Chain，简称ISC）是一套解决企业产品生产与交付模式的理念与方法。在企业内部，可以把它视为一个整体性交付体系，涉及企业内部功能范围中的订单管理、计划、采购管理、制造、物流等领域。

一直到今天，很多企业依然缺乏整体的供应链观念，只有功能性的概念，即销售、计划、采购、制造、仓储等。它们与研发、营销、财务、人力资源管理一样，属于企业功能分解后的一部分。在经济运转节奏比较慢、产品更新换代慢的时代，这种基于纯功能视角的供应方式也能基本满足市场需求。但在当今世界经济运转节奏加速、产品更新换代频率迅速提升的时代，纯功能式协作的供应链结构已经不能满足市场的需求。

功能式的协作机制大体上相当于"铁路警察各管一段"模式，是"片区式"管理模式，功能与功能之间的衔接是粗接口、低频率的，也缺乏高于各功能之上的统筹调度。当供应链内信息传递频率增高、变更频繁、例外情况频出时，这种"片区式"运作结构的反应就不足以支撑。应该怎么办？那就是要将改"片区式"、粗接口模式转变为线性连接、精细化接口模式，即实施集成供应链管理。

第 10 章
集成供应链的核心思想

"集成"二字的精神,在于要把"片区"边上的藩篱拆除,把少数管道传递信息变为毛细血管式传递信息,把协作转型为协同,把"交付"这个总功能凌驾在各分功能之上。

粗看上去,"集成"对销售、计划、采购、制造、物流等功能部门带来的改变,有可能不是太大,销售还是负责接订单、采购还是负责买东西、制造还是负责加工产品,但是"冰山"之下其实改变颇多。各功能都会以大供应链系统为参照重新定位,各功能之间的关系与连接方式会发生改变,各功能工作质量要求标准会发生改变,业务流的推动力量会发生改变,等等。简言之,集成供应链会改变价值创造(对供应链而言是产品生产)的路径,影响到组织分工、流程、绩效度量等方面,改变相关各部门的博弈形态,从而获得新的价值创造性能。

一、供应链的输入

供应链的输入主要有两个来源,一个是从销售部门输入的销售订单与预测信息,另一个是从研发部门输入的产品信息,包括 BOM 信息、工艺信息、选型要求、检验要求等。这两类输入信息的频度、及时性、准确性、完整性、变更频度等，都会深刻影响供应链最终的效能表现，所以不可不察。

具体说，研发输入的产品信息对供应链的不利影响可分为两个层面：一是执行层面，主要会发生在产品投产初期，比如 BOM 不能及时发布、工艺文件不能及时定稿、频繁的设计变更、不能及时封样等，从而影响供应链的计划安排、采购、生产准备等工作；二是策略层面，主要体现在产品的复杂度上，主要指产品的品类、型号繁多。"机海战术"是企业最容易陷入的误区，为了卖出更多的产品，扩大销售规模，往往会无节制地增加产品品类与型号，却导致无节制的成本增加，直接抵消企业的规模效益。究其原因，往往是公司高层没有算清账，一心希望以更多的产品品类应对市场和竞争，又或者是企业组织本身的不平衡，某些部门从自身立场出发倾向于增加产品品类，而企业内的其他部门无法做出必要的制衡。于是，在浑然不觉中，产品品类与型号变得越来越多。我们看武侠小说或电影，知道高手杀人从来不是靠招数多或砍对方很多刀，而是一刀制敌，如古龙小说里的"小李飞刀"，从不用出第二刀，一刀就穿喉索命了。企业做产品也存在同

第 10 章
集成供应链的核心思想

样的道理,并不是品种多了,卖出去的概率就一定变高,关键在于产品有没有抓住客户需求的"咽喉"。市场对供应链输入信息的不利影响,主要体现在销售预测和销售订单信息质量上。销售预测偏差大或根本就没有、预测更新频率过低,会影响到供应链的库存与备料;销售订单相关信息不能一次到位或订单中有特殊要求,会影响供应链的流程进度,增加供应链成本;而销售订单变更带来的影响会更大,供应链的计划会因此被打乱,库存也有加大甚至报废的风险。所以当改善供应链运作时,会把销售预测、销售订单,乃至销售报价、销售信用管理等都纳入供应链范畴进行一体化优化。

企业销售端普遍存在一种情况,就是销售人员自身对供应链的影响认知不到位,先验地认为他们的职责就是拿单,剩下的事不应该是他们关注的。但从整体供应链来看,销售人员在改善销售预测及与销售订单有关的活动,从而提高供应链效率方面有不可取代的作用,仅仅依靠销售后勤部门、计划部门的努力是无法实现的。可以说,是销售员的"站位"决定了这一点,因为销售需求的预测,是要通过与客户的密切互动,甚至引导客户才能做到的,而只有销售人员的"站位"才适合做好这些工作。

简单地说,销售人员应该认识到自己的双重角色,一方面销售人员是客户代表,另一方面销售人员也是供应链代表。

二、供需匹配的运筹逻辑

作为一个完整的交付系统,供应链追求的理想境界是能够及时生产并交付客户要货,同时又不必保持过大的库存(包括原材料和成品、半成品库存),其本质就是让"供"与"需"保持动态平衡。若供不匹需,就是缺货;若供过于需,就是库存。一定意义上,供应链管理的核心就是应对供需平衡挑战。

供应链的供需匹配结构的设计必须要基于市场与产品的特性。最理想的情况是,按订单生产、按订单采购。要做到这一点有个前提,就是客户要货周期要长于原材料采购周期与生产加工周期之和。在这种模式下,只要计算好生产排产和采购到货的周期,理论上可以做到零库存。在少数特殊的供方市场里是存在这种情况的,比如巨型设备的生产,订单周期需要好几年,厂家完全可以基于订单展开

第 10 章
集成供应链的核心思想

自己的采购、生产等所有事项。但是，在多数具有竞争性的行业里，订单要货周期都要小于生产周期与采购周期之和，难以做到按订单生产、按订单采购，这个时候就必须想别的办法。怎么想办法呢？依据"采购周期 + 生产周期 > 订单要货周期"这个公式，去找瓶颈到底在哪里。

首先是采购周期。一个产品会用到多种物料，而不同物料的采购周期是不同的，这需要一一识别出来。

那些采购周期比较短的物料，可以按订单采购，因为它们能够在接到订单后去采购，采购回来马上生产还来得及。当订单来了，基于 BOM 结构，通过 MRP 运算计算出每个物料的需求量与采购周期，然后安排到货。另外，采购周期比较短的物料还有个批量成本问题，一批去采购 10K 物料与十批去采购 10K 物料的成本差异很大。因此，对于那些低价值的、比较通用的物料，干脆就用经验库存法，看着快用完了，就去再买一批回来。

有一些物料采购周期很长，用按订单采购的方式根本就来不及，只有提前采购。那么，问题来了，提前采购多少是合适的呢？通常有两个办法，一个是依据过往的经验值做安全库存，一个是做销售预测,然后依据预测数量去提前采购。其实,还有另外一个办法,就是帮助供应商缩短它的交付周期。怎么操作呢?给供应商提供预测,让供应商提前做准备。这样,当需要物料的时候,供应商就可以在比较短的时间内送货了。所谓的JIT、VMI采购方式,就属于这个办法的具体表现形式。

再看生产周期。在生产环节有什么办法呢?这主要是看企业多种产品之间的公共模块(半成品)共享情况。对于能够跨产品使用的公共模块,可以先做出来,当订单来了的时候,制造这些公共模块的时间就省出来了,用来做那些不能共用的模块,以及组装成品,从而把生产周期缩短。这个办法就是前文提到的"异步化",它在供应链管理领域有个学名叫作"延迟策略"。因为提前做的公共模块有通用性,所以也不用太担心形成呆滞库存,这个产品不用,另外一个产品会用,可以对冲。

其实,即使各产品之间没有什么可以共用的模块,也可以把用时比较长的模块先做出来,这样就算以后可能形成呆滞料,但因为只是半成品,损失比做成品少很多。由此可见,产品开发时,借用CBB思想,让产品尽量模块化,让模块尽量通用化,给供应链带来的贡献也会非常大。

第 10 章
集成供应链的核心思想

如果把采购、生产环节中能用的运筹方法都用了，还是不能做到"生产周期 + 采购周期 < 订单要货周期"，那么就只好依赖销售预测。事实上，即使通过采购、生产环节的运筹方法推算出能够满足订单要货周期，但因为实际作业中可能出现各种意外，也要借助销售预测。

基于销售预测的逻辑原理并不复杂，就是在订单没有到达之前，就依据销售预测提前采购、提前生产，以赢得时间差。有了时间差，就能满足客户的要货周期了。问题在于，既然是预测，就理所当然地会存在或大或小的偏差，如果完全基于销售预测去采购所有原材料或全部生产出来，一旦订单小于预测，直接就造成冗余库存。产品如果是比较通用的，有朝一日还有希望卖出去；如果产品是定制的或市场面非常小，那极有可能成为死库存。

因此，采购与生产环节不能傻傻地依据销售预测，提前做完所有的事情，还是要基于销售预测，进一步优化采购与生产环节中的运筹手段，在保证不缺料的情况下，降低冗余库存。比如，基于销售预测、经验数据、MRP 计算数据，综合确定单项物料的提前购买量，或者对销售预测打个折扣进行采购和生产。对于生产环节而言，还有产能问题、辅助准备（包括设备、夹具、治具等）齐套性问题，也不能完全按照理论上的推算去安排生产，而是要综合运用各种运筹手段，降低不能及时交货或造成冗余库存的风险。

除了标准化产品，还有一种定制产品。定制产品的交付周期要把研发设计周期、转产周期都算进去。因此，研发过程是否顺利、研发出的新产品是否稳定、新物料和新供应商开发数量是多还是少等要素，都会对供应链的及时交付产生莫大的冲击。但如果能利用研发设计这段时间，提前在供应链领域做好部分准备工作，则能获得更大的运筹空间，特别是在采购方面。由此可见，产品品类、型号越多（定制产品也在此列），供应链的运筹复杂度就越高，也意味着供应链管理的复杂度越高。

前面论述假设交付周期只是由生产周期和采购周期构成，而对很多行业而言，物流周期也是交付周期不能忽略的重要组成部分。企业生产原材料仓库的分布、供应商仓库位置的远近、成品库存的分布等，都会影响到整体交付周期。

除了占据主体时间的采购周期、生产周期、物流周期，交付周期还受到业务流动过程中被碎片化了的等待时间和节点作业时间的影响。比如，订单

第 10 章
集成供应链的核心思想

从销售部门到达计划部门的时间,计划部门把采购需求传递给采购部门的时间,采购部门把订单传递给供应商的时间,供应商送货后仓库的检验接收时间,等等。显然,这些时间都是越短越好。

应该说,上述对供应链供需匹配方式的分析只是一个理论框架,并没有考虑现实中的各种例外情况,比如,某些供应商的发货周期其实根本就不稳定,一次设计变更导致很多环节的返工,等等。但是,这种理论框架对于实际供应链的运作还是有很大指导意义的,因为它提供了一个基准。企业可以在这个基准上,再依据实际情况做出必要的调整和变通,以保证提升供应链运作的效率,否则会像迷航的船只一样找不到北。

三、计划的中枢作用

在最初级的生产管理模式下,工厂是没有专业计划部门的,只是依据厂长、车间主任等管理岗位的指令进行运作。现在这样的企业很少了,越来越多的企业建立了专业的计划部门,负责生产计划、采购计划、物流计划等工作,不过对计划部门功能认知不到位的情况还较为普遍。如果把集成供应链看成是一个有机体，计划功能就相当于是其中枢神经系统，用以统率、协调、调度所有供应链相关功能。下面我们就谈一谈，在集成供应链管理框架下，计划部门与计划功能的定位与作用。

从定位上看，计划部门是对供应链整体供需关系进行匹配和平衡的中枢，相当于军队的作战参谋部。因为需求和供应信息的多维性、复杂性、动态性，以及现实中各种不可避免的意外情况，意味着"匹配"是一项比较庞杂的系统工程，对计划部门人员的系统思维、组织协调能力与应变处理能力的要求都非常高。

从微观的具体层面上看，计划部门的工作不外是分解、计算、制表、操作ERP、统计、追料等活动。对计划的认知如果仅限于此，则是"见木不见林"。要发挥计划的中枢功能，必须能从宏观的、策略性的视角，看到计划部门在集成供应链中的作用。

第一，计划部门是匹配供需的主责部门。

如前一节所述，依据不同的行业特性、客户特性、产品特性，要实现及时满足客户需求的目标，就要选择不同的供需匹配模式。没有明确的供需匹配模式组合，就相当于供应链没有运作逻辑框架，

第 10 章
集成供应链的核心思想

像无头苍蝇一样乱撞,整体订单交付效率和库存控制就没有保障。所谓"磨刀不误砍柴工",计划部门一定要把供需匹配模式组合的选择视为奠基性工作,并且要周期性去审视因内外部各种相关要素的改变,对其进行及时优化和更新。如果做好了,计划部门可谓是"思路清晰";如果没有做好,给计划部门评价就是"头脑不清晰"了。

第二,管理需求。

管理需求是很容易被计划人员忽略的一项职责,因为按照一般职能化的观点,很多计划人员认为,需求是销售部门传递过来的,取决于销售部门与客户,而不是取决于计划部门,自己只是尽力去满足这些需求而已。这是错的!

仔细分析背后原因,还是职能化思维的惯性。在职能化思维里,不同部门之间是分地盘的,你有你的地盘,我有我的地盘,你地盘里面怎么运作我不关心,只要能给我输出正确的东西就行了。表面上看,这是个人觉悟与格局问题,但我认为,更深层次的原因还是组织分工问题。具体说就是,组织分工不用心,没有基于业务流去论证,粗放地定位销售人员与计划人员的核心工作,前者把东西卖出去就好,后者想办法满足来自销售的需求即可。

如前文所述，分工就意味着给了各部门各自独特的立场，于是销售和计划两部门之间就会出现一个断裂带。这个断裂带是什么呢？首先，销售不太重视需求的质量，只要客户把订单给我，我的绩效就有了，至于订单交付要求是否太紧急了、订单会否有变更，销售不会特别在意；同时，对销售预测更不上心，甚至故意不去做预测，因为他们觉得把那些目前没有变现的机会点掌握在自己手里更为安全。而计划人员则认为，需求及其预测是销售的事，自己只是被动地接收和执行。于是，需求就像一个孤儿，舅舅认为他始终是另外一个姓，不能亲之，叔叔认为他从小就和姥姥舅舅走得近，也不能亲之，变得"舅舅不疼、叔叔不爱"了。

解决这个问题，还是要通过规则。首先，规则应该明确销售人员对需求及时性与质量的负责是其天职，而不是额外帮忙。销售人员应该用心对待自己负责范围内的机会点，形成有支撑的销售预测，并且还应该沿着客户销售部门这条线向客户内部追溯，了解客户的计划，清晰知道每批货的真实需求，同时引导客户需求的到货时间要求（客户经常会在实际到货需求时间的基础上，提前几天，以求安全）。

第 10 章
集成供应链的核心思想

其次，规则还应明确计划人员的职责。作为需求的综合性责任部门，对前端需求的质量也负有责任，不能坐在那儿等需求，要"前插"到销售地盘内去了解和影响客户的需求。比如，华为销售团队就是个"铁三角"，有客户经理、产品经理和交付经理。其中，交付经理就是代表供应链的计划人员，他们制度性地走到了最前线。因为计划人员最了解供应链内部的情况，所以他可以同销售人员一起引导客户的需求时间，以保证销售对客户的交付时间承诺是表里如一的；同时，计划部门还有经验优势，可以基于历史经验值对预测做出相应的调整；另外，计划部门还有一个更宽泛的责任，就是在所有与预测、订单等需求有关的部门中，扮演协调与监督的角色，要比其他部门更加积极地去推进与需求有关工作的开展。

第三，策略性供需匹配。

MRP 计算属于执行层面的供需匹配，在时间轴上偏后，若仅仅依靠这个层面的供需匹配，前瞻期太短、考虑因素太少。所以，有必要在 MRP 层次之上建立一种多部门参与的、更宏观的供需匹配策略性机制，用以指导全供应链乃至部分研发活动的工作。这种策略性的供需匹配，专业名称为 S&OP（销售与运作计划)。

在需的方面，销售预测具有极大的不确定性，还要兼顾它与年度或季度业务规划的关系，再加上供应的不确定性因素，使得与之对应的要货计划会有很大的浮动空间，这需要通过供与需的匹配后才可以确定。

在供的方面，物料采购主要关注点应该放在少数瓶颈物料上，因为少数有供应风险的关键物料，哪怕一种不能及时到货，物料就不齐套，也就不能进行生产。工厂的产能也不是一成不变的，生产线可用性、设备、人员、工艺准备条件等都会影响到产能口径，所以进行匹配时要对产能做出预估。对于新产品的供需匹配，还要额外考虑到研发层面的影响，比如版本切换，以及未到转产条件各因素的预估进度等。

库存结构与安全库存是计划要考虑的核心，需要对原材料的、半成品的、成品的，以及在途制品的库存结构情况，都做出数字化的详细统计与分析。在分析库存结构的同时，还要注意对比具体库存品项的安全库存目标与实际库存，以及财务视角的库存预算目标可达成情况。

另外，经验性的数据对现状也能起到重要的参

第 10 章
集成供应链的核心思想

照作用与纠正提示作用。这些经验数据就是近期各方面的绩效数据,包括供应链整体层面的及时交付指标、订单周期指标、要货满足指标等,以及反映各个模块绩效的库存周转指标、计划执行指标、采购及时到货指标、订单变化情况、产能利用情况等。

基于以上全方位的数据与信息,就可以进行供与需的宏观的策略性匹配了。这个匹配并不是由计划人员单独完成的,而是由销售、研发、采购、工程、制造、仓库等,乃至财务与 HR(基于实际情况参与)共同参与匹配,一般是以会议方式实现这种匹配。这个匹配过程既包含了客观数据层面的连接,也包括了部门立场的博弈。无论发生多么激烈的争执,最后一定要达成一个共识性的要货计划序列,以及支持完成它的一套行动策略与措施集合。这些行动策略与措施包括:指导销售人员如何对客户做出承诺的内容、要求采购人员以何种手段解决瓶颈物料问题的内容、要求 HR 部门扩充一线员工数量的内容、研发人员确定某些待定产品设计相关问题的内容、计划人员调整安全库存的内容,等等。其中,安全库存的管理是一项特别重要的内容,可以视之为在综合考虑了供与需各方面、各维度的各种不确性之后的平衡性决策。

策略性供需匹配首先具有长远的前瞻性，从而为生产计划提供了一个广阔的、纵深的缓冲空间，得以能定点消除导致供应风险的可能因素，避免供应出现极端情况；其次，策略性供需匹配在常规协作流程之上，更具体地指出了跨部门"拼图"中的缺陷，以及消除缺陷的具体任务安排，让所有部门的工作更明确，聚焦到具体的、可量化的共同目标，从而产生阶段性的团队向心力；再次，策略性供需匹配可以帮助形成一体化的"作战任务"安排，形成一个流程之上的契约，而这种契约能以流程之外的力量消除跨部门的无效博弈。

第四，统筹与执行的分离。

集成供应链应该保证计划职能与采购、制造、物流等执行职能的分离。如果计划人员陷入追料、跟单等事务性工作中，因为精力、时间与关注空间的有限性，就必定不能做好统筹性计划工作；如果采购、制造、物流又不依据计划开展的执行，协同效应就会消失，带来更大的效率损耗与成本浪费（更多相关内容详见第6章第4节）。

执行力首先是计划出来的，而其前提条件是计划要靠谱。计划应该本着"知行合一"的原则，在"未发"时，即意味着可行。要做到这一点，就要求计划人员必须掌握全面、准确的信息。同时，齐套性应是计划的核心关注内容，特别是排产计划，除了物料、辅助工具齐套性，产能信息、工艺准备信息、良率信息等都要齐套，缺一个就意味着不齐套，不齐套就意味着排产计划不可行。

四、价值采购

在国内企业管理的各个领域中，采购管理的发展相对迟缓。时至今日，还有太多的企业是以采购交易为中心（即采购就是买东西）来开展采购业务的，其特点是重视短期、前瞻性不够，默认与供应商关系定位是零和博弈。事实上，这正是这类企业绞尽脑汁、用尽种种办法，仍不能实质性让采购运作水平提高哪怕一个台阶的原因所在。

把本来简单的事弄复杂固然可恶，但把本来复杂的事强行简单处理也未必算聪明的做法。人们在把复杂的事进行简化时，往往只是把形式弄简单了，而没有去慎重考虑内容，以致出现错解、遗漏、扭曲、割裂，最后得不偿失，甚至误入歧途。所以，"该简单的就简单，该复杂的就复杂"才是正道。

企业采购行为同个人采购行为区别非常大，企业采购其实并不是"买东西"那么简单。在采购方同供应商之间，除了采购价格，还有质量、供应可持续性、柔性互动（比如能满足急单，能取消已经不需要的订单）、后续服务、技术支持等多个维度。另外，供应商还可以提供宝贵的行业信息，帮助企业获得竞争差异、形成竞争壁垒、为企业品牌价值加分。比如，华为 P9 手机号称用的徕卡摄像镜头，使之加分不少。采购价值的最大化是综合、平衡运用好以上的诸多要素才能企及的。把企业与供应商之间的博弈，是围绕以上诸多因素的综合博弈，绝对不是仅仅基于价格的单维零和博弈。所以，要实事求是地对待采购，而不能一厢情愿地简化采购。

优秀采购实践总是努力让采购对供应链的价值贡献最大化、对公司价值贡献最大化，可以将之称为价值采购。具体说，价值采购有如下几个核心特征：

第一，以驾驭供应商为中心。

供应链本质上是一个管道，好的管道一定是可靠的。可靠意指是可预见的、可控的、稳定的、能应对一定风险的。在采购领域，供应链可靠性体现在供应商的可控性，包括成本是可控的、质量是可控的、产能是可控的、柔性是可控的，等等。而要保证企业对供应商的可控性，就必须以能够综合驾驭供应商为前提，即能够多角度、多层面的全面保持对供应商的影响力。从资源配置角度看，作为企业供应链的关键构成要素的供应商，也是企业资源的重要组成部分，保证供应商是可控的，就是要让供应商服从于企业整体资源配置。简单说，驾驭供应商有三个要点。

1. 采购策略先行

这里的采购策略是指系统化的策略，一般会形成正式文本。孙子曰："多算胜，少算不胜，而况无算乎？"如果把采购议价比喻成下围棋时的手筋，一手好棋绝不仅仅是靠手筋，还要有对全局的判断，识别双方各自利益权重之所在，以归结出最优的落子次序。企业采购策略一般围绕物料族类展开，不同的物料族类对应特征不同的供应市场。因此，制定合理有效的采购策略，首先需要对物料族类对应的供应市场进行深入了解，分析其未来一段时间（一年或半年）的价格趋势、产能趋势、技术趋势、新品趋势，以及该市场上的主要竞争者之间的竞争态势，等等。

其次，是弄清楚企业自身未来一段时间对这类物料的需求情况，这需要从企业自己的市场销售瞻望，以及采购周边部门基于业务对采购的期望两方面入手。再次，是分析过去一个周期（一般是一年或半年）本物料族类的采购绩效。如有哪些新问题出现？有哪些经验与教训？有哪些需改善之处？等等。最后，依据上述三类信息分析，形成采购行动策略，其包括的范围比较宽广，但都是有针对性的，可能是对某种关键物料进行大批量备货，或是决定替换两家供应商，又或是要求某个供应商必须把质量提升一个量级，或是决定重点培育一家供应商以制衡原来那家近乎形成垄断的供应商，等等。

有几个重要的采购理念可作为普遍性的原则，用于指导制定所有物料族类采购策略。一是关注产品总成本。从层次上，采购价格是第一层次的成本，交易成本是第二层次的，采购成本是第三层次的，产品成本则是第四层次的。层次越深，格局越大，采购部门应该有足够的格局，超越"小成本"，盯住"大成本"。比如，采购在研发选型方面的努力，带来的成本效益可能会远远大于物料单价下降。二是关注供应的可持续性。企业采购最大的噩梦是采购断货，影响整体供应链。所以，物料供应的可持续性对供应链安全性具有战略价值，必须作为重中之

第10章
集成供应链的核心思想

重对待。三是要关注采购竞争优势。这是企业竞争力在采购领域的直接投射，比竞争对手的采购成本更低是一种相对成本观念，对处于激烈市场竞争中的企业而言价值很大。

2. 选好、用好供应商

如果把供应链比作是一个"战队"，那么供应商就是重要的"队友"。选择"队友"非常重要，"神"一样的队友和"猪"一样的队友，对供应链优劣和胜负的不同作用是不言而喻的。所以，首先要选好"队友"，其次是用好"队友"。

磨刀不误砍柴工。选择供应商是要下功夫的，且要讲规范、讲团队决策。讲规范，是指引入新供应商要程序化、标准化，这能保证对供应商包括资质、技术能力、品质保证能力、交付能力、响应能力、服务能力等各方面属性的"论证"。没有机制，只靠粗放的片面认证、感觉决策绝难保障效果。

讲团队决策，一方面是因为对供应商各方面属性的论证，需要具有不同知识与能力的多方专业人员参与；另一方面是团队决策可以形成一定的制衡能力，防止采购舞弊，防止一两个人就能走通"一条龙"的供应商引入流程。因不同物料族类对应的供应商群体的特征有差异，所以供应商选择机制的设计不能"一刀切",要基于差异化设定出不同的标准与路径规范。当然,选择供应商的机制并非越复杂越好,要基于行业特征、企业规模、既有人员能力、企业风险偏好等量身裁定。

相比选择供应商,用好供应商更是不易。它是一项长路径的、跨部门的、具有很大想象空间的长期工作,有如下几个要点:

(1)对供应商的"选、育、用、留"要形成闭环,要对供应商绩效进行管理,绩效结果一定要能影响到供应商的实质性利益。

(2)"全界面"利用供应商潜在价值。"全界面"指从研发、技术、知识产权、质量控制、服务支持、市场扩展等多个方面,审视并利用供应商的优势能力。比如,可以让供应商参与我方某些领域的研发工作,以获取更专业的设计水平或工艺水平;可借用供应商品牌优势为己方品牌加分;可借用供应商物流仓库减轻己方仓库压力(如 VMI/JIT 采购方式)。

(3)让供应商提供更完整的、模块化、功能化、组合型的部件,以尽量减少己方的"组装"工作。比如,手机制造商可以让同一家供应商提供由显示屏和触摸屏组成的一个具有完整显示功能的模组。

第10章 集成供应链的核心思想

（4）与供应商活动范围彼此深入交叉。就像把两根棍子捆绑到一块，交叉部分越多，就捆得越牢固。深入交叉一方面是让供应商更多了解我们的内部需求，一方面也让我方更深介入供应商内部活动。比如，对大型设备制造，企业往往会派遣驻场人员全程监督；为保证交付进度，要求供应商每日提供各道工序的出产数据；为保证产品质量，我方品质人员可能直接进驻到供应商生产线中；等等。

3. 掌控好供应商组合

如果提供同一类物料的供应商数量过多，可能不利于发挥采购的批量效应，也会增加供应商管理的成本，而如果数量过少，又可能会受制于供应商，或使产能风险增加，又或不能满足高中低端系列产品的成本控制。要形成合理的供应商组合，不能只是被动地增减或更换供应商，还要有更主动的创造性措施，比如通过影响研发减少物料规格种类，借此减少供应商数量；通过鼓励供应商适当扩展产品种类，以改变因种类不同不得不保持多个供应商的局面。

第二，采购组织设计。

采购组织的分工需要从职责完整性、专业化、分权制衡这三个角度进行综合权衡。从职责完整性角度看，一个部门的职责越宽、越完整，则越容易保证事的完整性和责任的明确性，也越容易问责，但当这个部门职责跨度太大时，则又很难保证其专业性。从专业角度看，一个部门的专业化属性越强，职责幅度就越窄，这样就容易出现专业部门过多的局面；而专业部门多了，协作接口就多了，博弈也就多了，从而降低了协作效率。从分权制衡角度看，当一个部门承担的职责过多时，就意味着其权力很大，权力太大了容易出现以权谋私的情况，所以一般不能让一个部门权力过大，要分权制衡；但分权如果过细，同样也容易降低协作效率。

企业界经过多年的实践和探索，形成了一套优秀的标杆实践，这就是采购专家团制。采购专家团制是一种从职责完整性、专业化、分权制衡三个角度综合权衡后的平衡性组织分工模式。实行采购专家团制的采购组织会被分为两大部分，一部分是采购专家团，一部分是采购执行部门，前者负责全面的供应商认证、选择、管理，后者负责采购订单履行，这种区分又可被称为 sourcing 与采购执行分离。

采购专业团是基于物料族类设立的，全面承担对各物料族类相对应的供应商的管理职责，对商务、质量、交付能力三方面的管理诉求可以做到综合平衡，有利于效率提升；在避免分裂的同时，也容易问责。采购执行部门则聚焦于管理订单、安排到货、追料、安排付款等事务性工作，使采购专业团从日常事务性工作中脱离出来。

那么，如何防范采购专业团的权力过大呢？其一，是采购执行部门独立于采购专家团，形成一定的监控制衡局势；其二，是采购专家团以类似议会式的运作方式，实行集体决策机制；其三，是以清晰、透明的采购流程配合；其四，公司要设有另外的采购稽查、审计、举报等机制。

在采购专家团职责幅度宽的情况下，如何保证其专业性呢？采购专业团最核心的两类岗位是商务人员和供应商质量管理人员，分别负责商务与供应商质量管理。除了这两种角色，可以依据物料族类特征，把品质、研发、财务、法律等各部门的人员纳入专家团，作为其兼职成员。

从采购全流程来看，采购专家团的工作有明显的"两端用力"特征。所谓"两端用力"，指采购专家团注重前端的供应商认证与选择工作，与后端的供应商绩效管理、供应商关系管理工作。相对于采购执行而言，供应商认证与选择、供应商绩效管理、关系管理等工作都具有"异步化"的特征，即不必占用执行时的采购时间,能以离线方式为采购执行提供支持。

第三,管理好前端采购需求。

采购需求的形成一定有前端的源头,如果采购部门向前插入到形成采购需求的前端,则可以利用自身的专业优势去影响需求的形成,其实质上可以视为一种"对焦"和"论证"。

所谓"对焦",是指让选型需求和供应市场对焦,向更容易采购到的规格型号靠近,向市场价格更低的规格型号靠近,向能形成批量采购效应的规格型号靠近,向技术更成熟、质量更有保证的规格型号靠近。所谓"论证",是指以事后的场景来提前匹配、评估事前的需求,比如新的物料应该处于什么成本区间,工艺与质量要求是否容易被供应市场满足,产能是否有保证等。

其实,这就是前文所述的采购早期介入研发。采购介入研发的时间的早晚与产品 BOM 成本的高低是成正比的,介入越早对降低成本贡献就越大,介入越晚,降成本的空间就越小。如果直到产品定型后才介入,则只能在"命题作文"的情况下去降低成本,失去了"修改题目"以降低成本的机会。采购早期介入研发还有一个重要的意义,就是能为供应商寻源、认证与选择争取到更宽裕的时间，更好地形成"异步化"效益。

除了早期介入研发，管理采购需求还存在于物项替代管理中，即通过物项替代来降低物料成本；还存在于影响市场需求中，比如当白色外壳的产品供应紧张时，应该提请销售部门减少白色外壳产品订单，增加黑色外壳产品订单；还存在于对非生产物流的需求管理中，比如采购应该把全公司提出的不同品牌、型号的计算机购买需求，归类为极少数的品牌与型号，以降低采购管理成本和形成批量采购效应。

除了前述几类影响"需求的内容"，采购还可以影响"需求的形式"。"需求的形式"指采购需求的提出时机、需求频次、需求批量等。比如，基于对某些关键物料的供应行情了解，采购可以提示计划部门为这些物料提前备货或降低备货量；对于非紧迫性物料，采购可以要求需求部门周期性提出需求，以减少采购频次、降低采购成本；基于来自供应商的最小包装量、最小订单量约束，采购应该要求需求部门在考虑最小批量的基础上提出采购需求。

五、集成化的供应链流程

第一，构建端到端的流程。

如果说在产品研发中，供应链范畴内的各部门（如采购、计划、制造等）是以配角身份参与的，那么在以交付为中心的供应链中，各个部门就都是以主角身份参与了。主角多了更容易扯皮，因为各方都想"裂土封侯""我的地盘我做主"，不经意间以或明或暗的方式建立起"自己王国的王法"，于是各"王国"之间的不协调在所难免。这就像要修一条从哈尔滨到海口的高铁，如果具体路线图都交给沿途各个省市做主的话，那么最终这条路的曲度和长度会远超合理规划，因为每个省市一定都会想让高铁多经过自己下属的几个城市。

想要促进各个部门之间的协作、避免各个部门的"小动作"，仅仅依靠更高层领导的权威，效果是很有限的。彻底解决之道是架设一个主管道，让所有部门的工作必须围绕管道展开。这就必须保证管道的连贯性，使其能无缝支持工作流在部门和部门之间的传递。比如，从接到客户订单开始，工作如

第 10 章
集成供应链的核心思想

何不断分解并传递到计划、采购、制造、物流等各个部门，必须可以通过这个连贯的管道找到答案。这个连贯的管道就是端到端的供应链流程。

从信息流角度看，端到端的供应链流程体现为要货预测、订单、生产主计划、采购需求单、采购订单、生产工单、领料单、发货单等单据性信息的无缝流转与可逆向追溯性。一般而言，供应链前段的核心单据是销售订单，中段的核心单据是生产计划单与采购订单，后段的核心单据是工单。管理好这几个核心单据的映射关系是实现供应链全流程连贯性与透明化的关键。当供应链相关各部门的工作主要是依据端到端的流程展开时，就可以说从职能化管理转到了过程化管理。（有关端到端流程的更多内容请详见第 3 章第 1 节）

如果把整个供应链系统看成一个端到端的流程，它就是一个完整的订单履行流程，可以从交付效率、交付质量、交付成本等维度上的表现判断其优劣。理论上，如果订单履行流程性发挥到了极致，那么提升上述三个维度中任何一个的绩效表现，就会产生冲突，因为想进一步提高效率，就必须降低质量，想进一步提升质量，就必须增加成本。但事实上，很少有企业订单履行流程可以到达这种理想境界。

所以，对多数企业而言，存在着一个效率、质量、成本三者可以同时提升的空间。当这些企业进行供应链改善时，可以也应该设定"鱼与熊掌"兼得的改善目标。

端到端的流程应该是"推式"进展的。也就是说，推进流程进展的信息，总是从上游部门主动传递到下游部门，并触发后者的活动，而不是依靠下游部门反过来催促上游部门而推进，或依靠管理者指令来推进。比如，销售部门接到订单信息后，应该在最短的时间内传递到计划部门，而不应该是计划部门来催促销售部门抓紧把订单发布出来；生产计划应该是计划部门传递给制造部门，而不是车间内没有活干了，制造部门反过来追问计划部门应该再生产什么，或者让管理者告诉制造部门应该生产什么；当采购物料发生意外不能及时到货时，采购部门应该及时通知计划部门，而不是等计划部门问到这个物料时，采购部门才恍然大悟地说物料要推迟几天到货，等等。

讲流程应该是"推式"进展的，不是说不允许下游主动跟上游沟通，其着眼点在于强化职责边界，理顺业务进展的大逻辑。现实中，供应链运作有太多因上游推送不及时、不到位而导致下游停工、返

第10章 集成供应链的核心思想

工的情况,因此必须强化"推式"原则,减少和消除那些因信息传递及时性而影响业务整体进展效率的现象。(关于"推式"原则的更多内容详见第6章第6节)

从宏观视角看,整体供应链是一个公司级大流程,即订单履行流程。从微观视角看,端到端流程在跨角色的信息输出、输入传递中,对输出、输入信息的要求很细腻,要求信息尽可能地做到结构化、模板化、标准化,因为只有这样才能最大程度上避免信息传递过程中的信息失真(信息不全、描述方式下游不易理解等),才能在实质上把不同角色在不同流程环节中的权责予以清晰界定。

端到端的供应链流程有利于形成流程的透明化,从而起到强化内控的作用。当流程之间无明确接口或衔接模糊时,就意味着这些地带是盲区或"灰色"区域,而端到端的流程会帮助消除、减少这些盲区或"灰色"区域,进而降低内控风险。

另外,端到端的供应链流程还具有一个"吸星大法"式的功能,可以收纳、集成供应链管理领域内有关质量管理、成本管理、效率管理、风险管理的各种理念、工具、方法,为它们在流程链条上找到各自的位置,从而让原本"多张皮式的""孤岛式"的管理工具与方法在供应链管理中形成合力。

第二，建立明确的非常规状况管理流程。

非常规业务状况本来就是不易管理之处，加上企业在对待非常规业务状况时往往缺乏清晰、通透的管理流程，所以非常规业务状况管理成了企业管理问题的重灾区。针对非常规业务状况建立专门的管理或处理流程，是集成供应链的重要组成部分。非常规状况管理流程大致包括变更管理、例外管理、逆向物流三类。下面对这三类流程做个简单分析。

影响供应链业务的变更主要包括：设计变更、BOM变更、订单变更、工艺变更、计划变更、采购变更等。其中，设计变更往往发端于上游研发环节，受其影响最大的是下游的各供应链部门。设计变更与BOM变更流程的要点在于当变更发生时，要能确保可能被影响到的部门一定会被通知到，且这个过程是可以返溯追责的。比如，当发生版本切换时，要确保制造部门、计划部门、品质部门、供应商等，都能准确无误接收到这个变更信息。订单变更管理有两个要点，一是销售部门与计划部门要切实达成共识后再行动，二是计划部门要能够在变更后准确无误地触发制造、采购、仓库等部门做出相应的反应，并承担组织监督责任。工艺变更管理要点主要是，能够确保工艺部门、制造、品质部门行动一致。采购交期变更要点在于，采购必须知会到计划部门，计划部门基于变更信息做出相应的后续安排。

"例外"指常例之外，例外事件有着与例行事件不同的处理方式，一般会卷入多个部门处理，所以容易出各种问题。其中，供应链范围内的"质量例外"处理是必须要关注的，主要包括来料不良处理、生产异常处理、制程不良处理等。因为导致不良或异常的原因可能是多方面的，而不同方面对应着不同的主责部门，所以在确定不良或异常原因时，比较容易发生激烈的博弈，不易确定责任归属与善后处置安排，导致争执不下、搁置不管的状况出现。这类"例外"问题处理流程的要点，是要基于专业经验对异常状况做出多维度的分类，并建立问题与原因、问题与责任的映射关系，以减少推诿、扯皮情况。

逆向物流主要指客户退货给公司、公司退货给供应商、产线退料给仓库，及呆滞料处理、报废处理等。这容易被企业忽视，因为从概率角度，逆向物流基本都属于小概率事件，所以很多企业只是在情况出现时临机去处理，而没有建立起稳定的处理通道。逆向物流内部隐含着一个或多个决策点，而这些决策往往又要多个部门一起做出，因为决策结果会直接影响到经济利益，人性趋利避害，所以形成决策相对困难，进而表现为逆向物流阻塞、低效，甚至无序。逆向物流管理流程的建设要有针对性地对问题分类、诱因分类、决策性质分类等，使流程关键节点的责任能够明确映射到具体部门、具体岗位身上，从而强制性地推动流程进展。

总而言之，以上三类例外处理流程比起常规流程，存在更大、更激烈的多部门博弈空间，一定要细致理清事情脉络，明确与此相关的部门的责任，明确处理规则，通过压缩博弈空间的方式，"逼迫"例外问题得到及时而周全的处理。

第 11 章
重新认识规则

一、规则是一种势

太史公曰:"天下熙熙,皆为利来;天下攘攘,皆为利往。"传统意义上来说,人们对利益概念的理解,多指物质性利益,太史公所言"利"即指此意,丘吉尔所言"没有永恒的朋友,没有永恒的敌人,只有永恒的利益"也指此意。

结合我们自身所见所闻,不难察觉到,驱动人们行为的除了物质性利益,还有非物质性利益。荀子曰:"义与利者,人之所两有也。""义"就是非物质的、精神层面的东西,包括价值观、信仰、心理体验等。孟子所称的"恻隐之心、羞恶之心、恭敬之心、是非之心",也属于非物质性利益范畴。先秦著名刺客豫让所说"士为知己者死,女为悦己者容"可以作为义的一个注脚,它道出了非物质性利益的存在和强大。

从作为动机支配人们行为的作用看,利与义是类似的,所以我把"利益"概念进行拓宽,把"义"也视为一种利益。人们在物质性利益方面的认知是容易统一的,但在非物质性利益认知方面则差异性非常大。比如，有的人坚守一些信仰性的原则，矢志不渝，千金不卖；有的人却不会执着于信念和原则，可以五毛钱一斤廉价售卖。精神性的东西，有人视之如宝，有人视之如草，这恰是非物质性利益的特性：主观性强、因人而异。

如果对利益这一概念做更深层次的解析，可以说，利益的本质是需求。马斯洛需求层次理论比较系统地归纳了人们的各种需求。需求是随着时间、能力、环境等因素而不断变化的，所以与其对应的利益也是动态变化的。比如，对企业员工而言，满足成就的需求、责任的需求、认可的需求、成长需求、晋升需求等，都是员工的利益所在。**总之一句话，利益是由需求定义的，它是人们行为的动机所在。**

那么，利益是如何驱动人的行为的？

一个饭店以月薪3000元雇用几个服务员，每个月的工资在下个月结算。这几个服务员之所以愿意在入职的第一个月里给饭店工作，因为他们知道，下个月就可以拿到这个月3000元的工资。显然，驱动员工工作的是每月3000元工资，但值得注意的是，对员工来说，3000元工资其实是一种未来的预期利益，而不是当下实在的利益。

在《红楼梦》中，贾雨村之所以乱判了葫芦案，是因为门子提到被告是应天府最有权势的四大家族之一。为什么？门子给贾雨村介绍四大家族时讲了："一时触犯了这样的人家，不但官爵不保，只怕连性命还保不成呢。"我们要注意，在贾雨村判案之前，四大家族并未使他官爵不保、性命不保，但贾雨村知道，若触犯了人家，自己未来利益就将受损，反之则不会。正是他对未来利益的预期让他乱判了葫芦案。

从以上两例我们可以看出，人们往往是依据预期结果及其利益来决定自己行为的。我把人们采取具体行为前的预期，称为"势"。提炼后，可做一个简单的定义：**势，指因某种可能性而给人的一种有关利益的预期。**

从管理视角看，"势"包含了如下几个含义：

（1）形成势，必然存在一种未来利益。

（2）形成势，必然存在利益受众（观察者），利益在利益受众眼里才有意义。

（3）在组织中，形成势，必然存在可施加利益影响的主体，可称之为利益持柄者。

（4）形成势，必经过一个推理过程，预期就是推理，也可以叫作"审利逻辑"，推理过程可概括为一个逻辑形式：**如果 a，那么 b**。

（5）势有主观性，当利益受众掌握的背景信息不同、估测不同、推理形式不同、利益体验不同时，于他们各自形成的势就有所不同。

（6）利益受众依据推理结果采取行动。

（7）势有强弱，决定强弱的是对利益受众利益的影响深度与预期实现可能性。强弱不同，对人们行为的驱动力度也不同。**势的强弱可称为势能：势能＝预期结果影响深度×预期结果实现概率**。

要影响人们的行为，相对应的势必须先加在人们身上。而管理的目的就是控制组织成员的行为，从而获得有赖组织成员行为实现的组织效益。由此，我们不难得出一个结论：**管理其实就是立势**。

通过借助"势"这个概念，我们可以把很多问题简化。不管管理者采用什么理念、什么方法、什么措施，都逃不脱"立势"这一本质。借用神话小说的说法，不管它有千变万化，那本相却只有一个。

规则是人们遵守的行为准则，而之所以会遵守规则，是因为规则受众会做出评估：如果我遵守规则，会如何影响到我的利益；如果我不遵守规则，又会如何影响到我的利益。这个评估的逻辑形式正是"如果 a，那么 b"，而这又意味着一种"势"。因此，**可以说规则的实质正是势**。

"杀人者死"是汉高祖刘邦约法三章中的一个，作为规则，里面包含了假言推理"如果你杀了人，那么你要为此偿命"，这就是势；"在车间抽烟罚款 500 元"是一个规则，里面也包含了假言推理"如果你在车间抽烟，那么会被罚款 500 元"，也是势。企业对销售人员制定的激励机制中，会有一个目标值，销售业绩达到这个目标值就有很丰厚的奖励，达不到就只有基本薪酬，没有奖励。这是一个规则，也是一个假言推理，也是势。因此，规则与势的关系可以总结为：**规则，其形也；势，其神也**。

中国有个女娲造人的传说，讲女娲娘娘照着自己的模样捏了许多小泥人，然后吹了一口气，这些小泥人便有了灵性，都活了，成了真人。以此作喻，规则本身就相当于小泥人，有形有貌，而势则是灵性，有了灵性泥人才会变成真人。也就是说，**规则只有对受众真正形成了势，才会成为有效的规则**。

在管理中，**管理者立规则的过程，就是立势的过程**，仅仅立了规则不够，必须要"吹那一口气"，也就是要立势，势立起来了，规则才有了生气，才成为真规则。

如果用"势"（如果 a，那么 b）的概念解释管

第 11 章
重新认识规则

理的三种基本模式，那么：

所谓人治，就是在"如果 a，那么 b"的算式中，"a"不是一种客观标准，而是完全的个人意志，当"a"无标准时，意味着"b"也没有标准，奖惩量度完全取决于管理意志。人治情况下，势产生于人。

所谓法治，就是在"如果 a，那么 b"的算式中，"a"是一个公开、明确的标准，并且"b"是严格由"a"决定的。比如，司机开车闯了红灯，要被罚款 500 元，起决定作用的不是某个交警，而是标准、是规则本身，也就是说，"势"产生于规则本身。

所谓教化，就是通过改变相关信息，以及人们的"三观"、认知逻辑，影响他们的审利逻辑，从而建立或强化"如果 a，那么 b"的势。懂得摄影的人知道，在同样光线量进入相机传感器的前提下，感光度（ISO 值）越高，曝光就越充分，反之曝光就不充分。

不管是企业管理，还是社会管理，都不能例外于这三种基本模式。社会或企业整体呈现出什么风格，取决于对这三种模式应用的混成比例。先秦儒家推崇的理想模式是以第三种模式为主，强调改变人们的认知方式,辅以第一种模式(前提是有圣人、贤人)。先秦法家则是以第二种模式(取"法")为主,辅以第一种模式(取"势"和"术")。先秦道家的则是第二种模式的一种特殊形式,即以规则为准绳,但不是人为制定的规则,而是自然规则。

二、规则是博弈的产物

民国初期的四川袍哥侯少煊写有《广汉匪世界时期的军军匪匪》一文,里面讲述了一个故事,非常清晰地阐述了如何通过博弈产生新规则。

四川广汉位于从成都通往绵阳、汉中的交通要道,那条通道叫川陕大道。川陕两省贸易往来多经此路,所以商旅往来,素极频繁。

但自1913年始,因袍哥为患,时通时阻,1917年以后,袍哥猖獗,此路几乎经常不通。袍哥猖獗到什么程度?不但商旅通过需要绕道,或者托付有力量的袍哥出名片信件交涉,即使小部军队通过,也要如此,否则就要挨打。

商旅们不傻,也会算账,后来宁愿多走几百里

第 11 章
重新认识规则

路也要绕过广汉。广汉的匪首们傻了，经过自我反思认识到，打劫打到道路无人通行，这是自绝财路，这是竭泽而渔！于是各路袍哥头目召开联席会议，开了几天几夜，最后歃血为盟，出台了一个办法：由他们分段各收保险费，让行人持他们的路票通行。具体细则也都做了规定，比如一挑盐收取保险费五角，一个包袱客收取一元，布贩、丝贩看货议费，多者百元，少者几元。后来，路上商旅又逐渐多了起来。

这实际讲的是商旅与土匪博弈的故事。土匪打劫商旅，土匪得利，商旅血本无归。当商旅意识到走这条路几乎不可避免要遭打劫的时候，他们选择绕过这条道多走几百里，或者干脆弃商不干了，这样失去了"猎物"的土匪利益又受损了。经过利害计算，他们认为必须改变这种情况，于是出台了新的游戏规则，就是对商旅收取保护费。商旅得悉新规则后，经过利害计算，认为缴纳的通行费比多绕几百里的山路还是要划算，比不做生意了更划算。于是商旅们认可了新规则，川陕大道渐渐有人走了，土匪也有了一笔稳定的收入。川陕大道又恢复了生机和活力。

这个过程可以描述为，经过反复的博弈与利害计算，最终形成了各方都能接受的新规则。在新规则保障下，开创了一个稳定、可持续的川陕大道新局面。

特别要强调的是，新规则并非土匪方单方面"制定"的，而是各路土匪和商旅共同"制定"的。为什么这么讲？虽然商旅没有派代表参加土匪们的联席会议，但实际上他们已用脚投票的方式表达了自己的意见。

在上述案例中，土匪与商旅达成的新规则是双方博弈的一个纳什均衡点。如果土匪坚持抢劫或"过路费"收得过高，商旅就会放弃从川陕过路，导致双方都得不偿失的结果；如果不管土匪开出什么条件，商旅都不为所动，也会导致双方都得不偿失。正是双方都不想见到两不相得的局面，所以就相互妥协，最终达成了一个双方都能接受的方案（规则）。

换一个角度看，一套规则具有可行性的最好体现，就是它暗合了博弈各方的力量对比，且不论它的科学性、合理性，但在现实中它确是具有生存能力的。要让规则具有生命力，规则制定就要寻找各方博弈力量的均衡点。当规则制定者根本就无力去

第 11 章
重新认识规则

改变背后的博弈力量对比时,这个规则一定就不能奏效,成为一个摆设。换言之,很多组织的管理者出台一些规则往往脱离现实博弈态势,导致不能落地;如果一定要让它落地,背后的关键因素还是要继续博弈,把各方博弈力量的对比态势推进到适合这个规则生存的状态。

《墨子》与《战国策》两本书都讲过一个"楚王好细腰"的故事,说楚灵王喜好细腰,不仅是美女的细腰,还有士大夫的细腰。朝中大臣为讨他欢心,纷纷每天只吃一顿饭,以节食手段来保持身材。另外,还有"物疗"瘦身法,就是每天早上起床时,深吸一口气,然后紧紧扎住腰带(这个原理有点像旧时女人以裹脚方法长成"三寸金莲")。时间长了,楚国满朝大臣脸色都黑黄黑黄的。

《墨子》还讲了一个"晋文公好恶衣"的故事,说从前晋文公喜欢士人穿不好的衣服,所以文公的臣下都穿着母羊皮缝制的破裘,围着牛皮带来挂佩剑,头戴熟绢做的帽子。这身打扮进可以参见君上,出可以往来朝廷,非常时尚。正所谓"上有所好,下必从之"。

在一个组织中,领导者的言行好恶,某种意义上都是在立规则,且这事防不胜防,往往由不得领

导者自身。理性、冷静的领导者会留意到这一点，并有意识地做出好的示范与引导，以期培养好的风气。更多的领导者则是陷入私欲，浑然享受其中，不明不觉中，已经造就很多对组织负能量的规则，带坏了风气。有时我想，这类事情发生在国企领导者身上，还能理解，发生在民企老板身上，则何其蠢也！

好的垂范其本质是在申明好的规则，坏的垂范其本质是在申明坏的规则。

有些看起来好像完全是组织领导者人为设计的规则，实质上也没有脱离博弈产生规则这一规律。人为设计规则的"假象"后面，至少隐含了两种相关的博弈。第一种博弈是规则制定者获取规则制定权的博弈。比如，历史上每个新王朝建立会改弦更张，大面积做出制度更新，之所以可以这么做，是因为赢得了政权逐鹿的大博弈。而在现代企业中，规则制定权一般是基于法理，即组织理论之父马克思·韦伯所言的法定权力。第二种博弈是发生在新规则落地的过程中。规则落地过程就是博弈过程，规则能够落地就代表着新规则推动者赢得了博弈；规则不能够落地，就意味着新规则推动者输掉了博弈。

第 11 章
重新认识规则

总而言之，规则是博弈的产物，潜规则一般表现为直接的博弈产物，明规则不一定表现为直接的博弈产物，有可能是间接的博弈产物。

相对于明规则，潜规则往往普遍具有更强的生命力。**尽管很多潜规则是不道德的、非正义的、有悖组织整体意志的，但不得不承认，它在其特定环境中，往往比很多明规则更有现实性、有更强的支配力。**其实，潜规则不需要组织关注和认可即可自行生长的特性，可以给规则设计者们很好的启示，那就是规则要落实，不能过于理想化（超出客观条件），要尊重人性、尊重现实，以引导为主，以强制为辅，该妥协处要妥协。如果能拿捏好这个度，新规则的设计和推行会无往而不利。

在管理中，功用上应坚持明规则与潜规则的体用之分、本末之分。即使有相对完善的明规则，把一个组织机体方方面面的要求都用明规则呈现出来，几乎是不可能的任务，潜规则总有其存在的空间。所以，管理要做的是让明规则保持"主角地位""主轴地位""统治地位"，抑制对组织不利的潜规则，引导对组织有利的潜规则作为明规则的补充。

从善恶角度统一看待明规则与潜规则，可以得到一个四象限：

```
良  | 光明之政 | 良习
恶  | 恶政     | 恶习
       明规则    潜规则
```

图 11-1

明规则可以称之为"政",潜规则可以称之为"习"。对组织整体利益有利的明规则可以称之为"光明之政",伤害组织利益的明规则可以称之为"恶政";对组织利益有贡献的潜规则可以称之为"良习",伤害或侵蚀组织利益的潜规则可称之为"恶习"。

三、规则如何影响博弈

18世纪末,英国政府把本土的犯人发配到澳大利亚去做殖民地的劳力。英国到澳大利亚路途遥远,那个时候还没有飞机,英国政府便把运送这些犯人的工作"外包"给私人商业船只,由一些私人船主承包从英国往澳大利亚大规模运送犯人的工作。

第 11 章
重新认识规则

最初，英国政府在船只离岸前，按上船的犯人人数支付船主运送费用，船长则负责途中犯人的日常生活，并把犯人安全地运送到澳大利亚。当时，这些船只多由破船改造，设备简陋，医疗措施更谈不上。船主为多赚钱，尽可能多装人，这样使船舱拥挤不堪，生存条件恶劣，且船主为降低费用，虐待犯人，有时甚至断水断食，犯人死亡率很高。

几年后，英国政府意外地发现，运往澳大利亚的犯人途中平均死亡率高达 12%，其中有一艘船运送 424 个犯人，中途死亡 158 个，死亡率高达 37%。于是英国政府决定采取措施遏制这种不良状况，他们为每艘船派驻一个政府监督员，并对犯人在船上的生活标准做了硬性规定。初期好像有了效果，虐待行为减少了。但接着问题又出现了，为了利益最大化，船主们用金钱贿赂政府监督员，有些不愿同流合污的监督员甚至被扔到大海里，不明不白死去。面对险恶的环境和极具诱惑的金钱，政府监督员大多选择了同流合污。于是，监督开始失效，虐待行为越发变本加厉。英国政府继续采取措施，强制举办集训班，对这些船主进行道德教育，让他们要讲道德、讲格局（即运送犯人去澳大利亚，是为了开发澳大利亚，是英国移民政策的长远大计）。但是情况仍然没有好转，犯人的死亡率一直居高不下。

后来，英国政府想到了巧妙的解决办法。他们不再派随行监督官员，不再配医配药，不再办道德培训班，也不再在船只离岸前就支付运费，而是按照犯人到达澳大利亚的人数和体质，计算和支付船长的运送费用。

新规则推行以后，情况竟然发生了令人瞠目结舌的改变，那些私人船主开始在途中精心照料每个犯人，不让犯人生病、不让他们体重少于出发前。还有些船主主动请医生跟船，在船上准备药品，改善犯人的生活条件，尽可能地让每个犯人都能健康地到达澳大利亚。有资料说，自从实行"到岸计数付费"的规则以后，犯人的死亡率降到了1%以下，有的船只甚至创造了零死亡纪录。

怎么回事？这些唯利是图的船主为什么变了？良心发现了吗？格局变高了吗？价值观变了吗？都不是！是算账方式变了！"离岸结算"变为"到岸结算"后，精明的船主们明白，如果中途有一人死亡，就会少收入一个人头费，如果有人体质下降，人头费就会打个折扣，于是他们选择了使自己利益更大化的行为——照顾好犯人。

第 11 章
重新认识规则

在中国改革开放之初,农村最大的改变是实施了包产到户(家庭联产承包责任制)。改革之前农村实施的是公社制、生产队制,农村的每个人都被称为社员,土地都是集体公有的,一个生产队的所有社员一起耕种、劳动,田地的产出全部归属生产队,生产队再依据人口和社员工分(对社员劳动投入的一种衡量单位)分配到每家每户。这种模式也就是俗称的"大锅饭"。在"大锅饭"模式下,生产力低下,很多地方都吃不饱肚子。"包产到户"政策实施后,农村生产力得到极大的解放,粮食的亩产量成倍增加,人们生活得到很大改善。

为什么看起来并不复杂的一个政策改变会导致农村天翻地覆的变化?因为对每家每户而言,规则变了,也就是利益计算公式变了。搞"大锅饭"的时候,付出和回报的关联不是直接的,所有生产资料和劳动成果都是集体的,对每户来讲,多出一份力,未必就多一份回报,所以生产积极性并不高。包产到户后,生产资料和生产成果都算每户自己的,选择种什么庄稼、何时浇水、施多少肥等都是自己说了算,除了拿出一部分交公粮,剩下的全是自己的,做好了自己收益就高,做不好则自作自受。在这个利益计算公式的引导下,人们的生产积极性得到了极大的激发，生产力自然也就上去了，农民的日子自然也就好起来了。

很多企业对销售部门有基于月度、季度、年度的销售额考核要求，在细节规则不太完善的情况下，经常可以看到销售部门一个做法：在本季度销售任务达标后，把本来这个季度能签下的订单，故意不签，拖入下个季度，这样销售额就可以算作下个季度的。他们为什么这么做？一是想通过这个做法减轻自己下个季度的压力；二很可能是按照公司销售考核规则，这个季度超标的部分，不能给他们带来更多的收益；三是担心公司以后会把销售任务底线提高。除去第一个方面的情况，第二、三个方面其实都是公司在细节规则上有不完善处。员工是按照利益计算公式行事的，而利益计算公式是基于你那个规则确定的，在那个规则下他们自然会得出对他们自身最优的对应方案。

总言之，**规则对博弈行为起作用的原理，是提供了利害计算的公式与参数，这些会影响当事人的利害结果，从而影响他们的行动选择，进而影响全局结果。**

有一个概念，叫作博弈空间，指博弈中当事人能选择的行动策略总数量，可选择余地越大，博弈

第 11 章
重新认识规则

空间越大，可选择余地越少，博弈空间越少。当一个局的规则确立后，在一定意义上也就圈定了可博弈空间。比如，按照拳击比赛规则，是不能用脚和肘的，而泰拳比赛的规则是可以用肘用腿的。

在一个局中，当规则确立后，博弈者往往可以找到规则的漏洞或薄弱处，用"合法但不合理"的手段，或是隐蔽性的"非法"手段博取利益。所以，管理者应该要了解可能发生的种种情况，修补漏洞、完善规则，不给博弈者太多的空间去打擦边球或徇私舞弊。

很多企业对销售人员实行提成制，或把奖金与销售业绩挂钩，挂钩的细节规则不同，定会导致出现不同的状况。当企业把销售提成仅仅与销售额挂钩时，会发现销售额上去了，利润却提升有限；当企业把销售提成与销售额和利润同时挂钩时，回款往往又成了问题。这其实是销售员在同企业博弈，绞尽脑汁利用规则漏洞实现自己利益的最大化。企业把销售提成从与销售额挂钩，扩展到与销售额和利润同时挂钩，又扩展到与销售额、利润、回款及时性挂钩，这个过程就是不断压缩销售员博弈空间的过程，通过压缩博弈空间，封堵那些企业不希望看到的行为。

在人类发展历史上，各种组织发展的初级阶段出现的规则，多是以禁止性的规则。这其实也是在压缩博弈空间，以控制不良行为的出现。犹太人的摩西十诫中，诸如不可杀人、不可奸淫、不可偷盗等，都是带"不可"前缀的句式；刘邦在秦末占据关中后，最先颁布的简易法令"约法三章"也是禁止性规则；旧社会时的帮派帮规也多是一些禁止式的条目。这种现象的背后，其实同组织的成熟度有关。在组织初级阶段，这些禁止性规则简单、易懂，容易驾驭，当然也比较粗放。如果从影响博弈的角度来看，这些粗放的禁止性规则起作用的原理都是在压缩博弈空间，把不希望看到的恶性博弈行为先禁止掉。

四、规则环

组织规则的有效性必然要在组织的部门、岗位等角色的责权利上体现出来。只有每个角色的责权利真正配称了，针对这个角色的"如果a，那么b"这个算式才成立，这个角色才会依据规则行事。一个规则可能会涉及多个角色，我们先从研究单个角色的责权利与规则有效的关系开始。对规则设计者而言,这是一个很好的方法论,可以帮助设计者评估规则设计得是否合理、保障其有效的关键在何处,也可以帮助评估既有规则的有效性及影响其有效性的问题所在。

人们常讲一句话"责权利要统一",但这一说法的合理依据在哪里?又是如何发挥作用的?我尝试绘制了一个模型,希望这个模型能解释责权利统一这个概念。

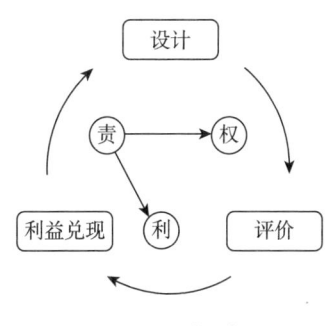

图 11-2 规则环

我给这个模型取了一个名字,叫作规则环。它分内外两层,内层是责权利三要素及其相互之间的关系;外层是保障环,其作用是保障内层责权利关系的配称,也即保证规则在某个角色身上的有效性。规则环内层包括三个要素,即责、权、利,外层也包括三个要素:设计、评价、利益兑现。

下面我借助一个简单的案例解释这个模型。

建筑工地找小工搬运砖头,包工头设立了规则:搬运一块砖头2分钱,每日结算。从包工头的角度,他没有歪心眼,是想这个规则能很好被执行的。

责,小工的责,即对砖头进行位置转移。权,小工有在工地自由活动并搬砖头的权力,与责是一体的。利,就是工钱。设计,指"搬运一块砖头2分钱,每日结算"这个算式,假设市场行情都是2分钱,那这个设定也是合情合理的。评价,即搞清楚每个小工是否按照要求搬的砖头,搬了多少,应该拿多少工钱。利益兑现,也就是把工钱发给小工。

包工头的规则要如实被执行,关键在评价和利益兑现两个要素,这两点要做不好,规则就会落空。比如,如果不能掌握小工搬运砖头的如实数量,评价就失去依据,所以工地上一般是有监工的,负责监工和计数;如果包工头的财务人员,不按时、如实给小工发工钱,那么同样这个规则也会落空了。

因此,从管理角度,要落实这个规则,这个包工头操心的就不止这条规则本身,还要操心现场监工环节,以及工钱发放环节。只有这样,他设立的

第 11 章
重新认识规则

规则才能真正得到执行。

可以说,没有外层保障环的规则是不完整的。模型外层的保障环可以通俗地称为规则环的壳。现实中,很多规则成为无效规则,或者发生变异,都是因为没有壳或者壳出了问题。

组织制定规则的目的在于约束和指导做事,而"事"是由"责"来做的,所以在规则环的责权利三者中,责是中心,权和利都因责而存在。

规则环的有效性就是算式"如果 a,那么 b"能生效,即"如果我履行了职责(包括不做什么),我能得到什么利(包括避免受到惩罚)"。规则环外层中的"设计",即安排责权利的关系,是基础性的,但并非把关系安排合理了,势就一定会形成,规则环外层中的"监督""兑现"两个环节也会影响"如果 a,那么 b"的成立。从员工角度看,如果员工尽责了,组织不能如实评价,或虽能如实评价利益却不能兑现,那么就意味着预期的利益是没有保证的,也就是"如果我干好活,那么就能获得收益"这个势的不能成立了。

现实中,非常多的组织不太重视外层保障环,在这方面关注不够、用功不够,也就是说忽略了规则的有效性。对于管理而言,评价与奖惩兑现是核心性的东西,古人说的"所谓治者,信赏必罚而已",就是表达这个意思。因此,企业应该像重视责权利关系安排一样,重视对规则的评价与兑现这两个要素的安排。

管理是种重复博弈,一旦失信,就意味着你通过规则建立的博弈策略失效了,就不要期望对方会继续像以前那样与你互动,结果是博弈复杂化、双输化,而组织一定不会是受益者。更重要的是,人们不会把你的失信局限在某件事本身范围内,而是会推演到你的所有行为上,进而使你与他人的合作会变得越来越困难,最终付出最大代价的还是你自己。

总言之,管理的有效性,其实是一个一个规则环的有效性构成的。不积跬步无以至千里,好的管理要从一个一个规则环的有效性入手。

五、规则中的"天理"

从规则有效性和副作用的角度看,组织的管理者可以制定规则,但不可以随心所欲制定,必须要讲一个"理"。"理"不通,规则有效性就极难达

第 11 章
重新认识规则

成,如果仅仅凭借权力高压实现规则有效,其产生的副作用对组织的伤害往往得不偿失。但现实中,我们往往可以看到企业或者其他类型的组织,因"懒政"、自大、不走心、无知,制定一些无理的规则,结果轻则"劳民伤财"不能达成预期作用,重则伤害到组织自身。

钓鱼人钓到大鱼时,必须要先遛鱼才能抄网入护,遛鱼是个技术活,以控住鱼为目标。如果仅仅依靠蛮力(钓鱼新手经常这样),就容易和鱼形成拔河之势,鱼的个头大了,很容易把渔线扯断,或把鱼钩拉直、扭断,甚至把鱼竿也折断。技术好的人遛鱼,不会用蛮力和鱼去拔河,当然也不可能什么都不做等着鱼自己束手就擒,而是用"四两拨千斤"的方式制住鱼,用力的方向和大小,是跟着鱼的逃窜方向和力度来的,要诀是要让鱼的力量不能完全发挥出来。简要说就是形成两个夹角,一个夹角是控制住鱼头的方向,让鱼头尽量向上,不让它头朝下或水平(这样它容易发力),另外一个是与它逃窜的方向形成夹角,这个夹角既有"顺"的意思,即不和鱼以 180 度相反方向角力,也有"制"的意思,即干预鱼逃窜的方向,不让它得逞。在这种较量中,等鱼筋疲力尽了,也就遛鱼成功了。如果你非要靠蛮力制住鱼,那就要用很粗的鱼竿、很粗的鱼线、很粗的鱼钩,但这么做,你的上鱼率就又成了问题。

可以说,遛鱼就是承认和尊重"鱼性",然后因其性导之、制之才成。制定好的规则也是同样的道理,要正视和尊重"人性",然后才能制人、驭人。这个鱼性、这个人性,就是不以规则制定者的意志为转移的"理"。你可以借助这个"理"实现你的意图,但如果无视这个"理",就不能实现自己的意图,或者说要付出很高的成本才能实现意图,此智者不为也。

《道德经》说的"道法自然",也是这个意思。汉初黄老之学的无为而治,也绝非真的无所作为,它的主旨思想是,在尊重"理"的基础上,"导而制之",而非"逆而制之",就如同钓鱼高手的遛鱼。

假设有一条 1000 米长的街,有两家小超市准备入驻,从整体最优的角度看,这两家小超市应该一家开在街道的 250 米处(即 1/4 处),一家开在 750 米处(即 3/4 处),这样的话,平均每家都辐射了 500 米的距离,也方便了顾客。然而,现实中呈现的多不是这种理想情况,而是两家都开在街道的 1/2 处,肩并肩挨着。为什么会这样?任何一家都希望自

第 11 章
重新认识规则

己的生意尽可能好，其他家的与我无关，为了让自己的优势最大化，即辐射距离最大化，所以把自己的店开在街道的 1/2 处，别家当然也不肯白白吃亏，所以也把自己的店开在了接近 1/2 处。

这就是人性使然，用个术语讲，叫博弈中的有限理性。现实世界中有限理性是有普遍性的，并不仅仅存在于寓言中。

如何改变上例中的"双输"的局面？有两个办法：一个是双方协商，在相互承诺的基础上，达成契约，按照契约，两家小超市一家开在 1/4 处，一家开在 3/4 处，这样能实现"双赢"；另一个是第三方进行干预，比如这个街道归属一个商业管理中心，由它制定游戏规则，要求竞争性商店应该均匀分布，既保护各个商户的利益最大化，也方便街道上的顾客。

如果双方能达成自觉的契约是最好的，第三方制定的规则干预是次好的。当最好的方案实现不了时（现实中经常这样），次好的方案就成为比较现实的做法。其实，次好的方案是两家超市都很容易接受的，因为他们内心里明白，一个开在 1/4 处、一个开在 3/4 处是最优的做法，只是苦于不能建立信任，出于自我保护而选择了"双输"方案，而第三方制定规则，给了他们一个保障（双方都要按规则办事），用外力给了他们彼此的"信任"，这样他们的担忧被解决了。

好的规则，应该具有如上面的例子那样的特性：对于它要影响的形势，它只是顺"理"而为，助力一把，"捅破了那层窗户纸"，促成各方内心确认却不能去为的合作。阿里巴巴商业模式最初的基石，我认为是支付宝，因为支付宝解决了买卖双方的信任问题（稍有年纪的人应该都记得以前深圳中英街的网络销售诈骗、驻马店的邮购诈骗），从而使各方都少了顾忌、少了担心，于是交易量就自然上来了，阿里的事业也就起来了。

这种合乎"理"的规则，可以归纳为"9+1"模式。其中，"9"是那个"理"，"1"是作为干预性外力的规则，这种干预是最小化的，投入也是最少的，因它是顺势而为的。《庄子》讲的庖丁解牛的故事，就是这个道理。庖丁的刀用很多年而不钝，是因为他宰牛的时候不会用刀硬砍筋骨，而是顺着牛体生理上的缝隙用力，这就如同用力处不在"9"，而在"1"。

用博弈论的术语讲，上述超市的位置博弈就是把零和博弈改变为彼此合作，给我们的启示是，在

第 11 章
重新认识规则

一个组织内部的规则,应该围绕一个基本宗旨设计,就是消灭或抑制零和博弈,引导和促成合作,从而实现多赢。

"理"还体现在是否能人心所向。对于规则,相关干系人内心都有个合理与否的评判。对合理的规则,虽然现实中他们不一定都会遵守,甚至老想绕过规则,但他们内心其实是认同的;对于不合理的规则,即使他们被迫去遵从了,但内心其实还是不认同的。比如,对车少路宽的道路如果限时速不超过40公里,就是不合理的,司机们内心也不会认可。

北宋理学大师程子(程颐)说:在物为理,处物为义。意思是说,事物本身蕴含了"理",按照此"理"去处置事物则称为"义"(义者,宜也,适宜的意思)。在企业管理、行政治理中,凡建章立制、构建规则,必要遵"理",必要守"义",这不是道德意义上的,而是实效意义上的。正如庖丁解牛之实效,恰在于其遵牛体之理。

环顾当下的管理思潮,大家都认可"不存在绝对的公平",这句话本身是没问题,关键是由这句话引申出了一种管理逻辑:既然不存在绝对的公平,也就不必再在上面浪费时间了,无所谓了,就这么干了——这就是问题了。不存在绝对的公平,指已尽其力而不能达成绝对的公平，这是一个事实性描述；而不是说从一开始就要漠视公平性、忽略公平性。如果一个组织真的漠视了公平性，甚至忽略了公平性，它定会付出与此对应的代价。代价有两个，一是产出方面的，亚当斯理论已经讲了这点；一是因为公平性问题而引致出的新问题的善后成本与管理成本。当然，如果管理者以处女座式完美主义对待公平性问题，也就走了另外一个极端，就很难高效率做事了。那么应该怎么办呢？一句话：力止于不能处！即一定要在现实内外部条件下，重视公平性问题、解决公平性问题，尽力尽到因客观条件限制而不能更进一步为止。

总而言之，管理要承认人性、尊重人性，只有在这个前提下才有可能很好驾驭人性。公平意识是人性的重要一面，受规则作用的人群对规则的公平诉求，是不以管理者的意志为转移的，它始终存在、始终影响人们的行为，无视它必会付出更大的代价。

六、规则设计的灰度

管理者也好，规则设计者也好，在一个局面下

第 11 章
重新认识规则

运筹帷幄或设计规则时，除了一般专业意义上的思考与判断，其所秉持的心态、格局、精神会起到更关键的作用。那么能否为所谓的心态、格局、精神找到一个指导原则？结合时下企业之常弊，结合管理之精微处恰在对人性驾驭、博弈驾驭，结合中国文化之传承，我认为，这个指导原则应该是诚意、是灰度、是中庸。

"灰度"一词借用自华为。2009 年，华为公司提出了一个管理理念，叫灰度理论或灰度哲学，认为非黑即白的认知观是错误的，现实事物道理往往是介于黑白之间的灰度形态，所以在企业管理中，无论对员工、股东、客户、竞争对手还是其他企业利益相关者，都要讲开放、讲妥协、将宽容、讲灰度，并认为管理的灰色，是华为的生命之树。外部舆论认为这是华为的一大创举，这点我倒是部分认同。为什么是部分认同？因为在中国传统文化里，中庸之道传了数千年，灰度理论所及大体在中庸范畴之内，是近中庸之努力，所以我不认为它是个从零到 1 的创举。但是，灰度概念是华为从自家实践中体会出来的，聚焦于企业管理领域，从这个意义上它又算是个创举。我也非常认同和推崇灰度这个概念，可以补充中庸这个概念。同时，灰度更有时代气息，值得推广，所以把灰度与中庸并提。

从管理规则设计角度，我大略谈一下灰度与中庸如何对管理起到指导作用。

首先，灰度与中庸对己而言，是一种修养。

中庸是什么？中是不偏不倚，不过亦无不及，庸是日用之常理。世界万物之理本来就是一种灰度的存在，这是我们认知这个世界、改造这个世界必须遵循事实之理。几十年的"不是东风压倒西风，就是西风压倒东风"思维对中国社会、对几代国人影响至大，我本人经常接触到一些企业，不夸张地说，它们的内部管理方式是"以斗争为纲"的。这种非黑即白、己所不愿而施于人的思维模式，是彻头彻尾反中庸的，它的根源在于企业的领导者与管理者，所以这些关键人物应该率先提高修养，改善思维方式。只有这样，在企业管理中，在管理规则设计中，才能让每一个决策、每一个规则尽量避开傲慢的、粗暴的、懒政的、无所忌惮的、短视的倒行逆施。

坦诚地讲，提升灰度与中庸的修养绝非易事，正如孔子说讲"人莫不饮食也，鲜能知味也"。所以，领导者要立下一个志向，时时刻刻注意提升自己这方面的修养，要广学深思。所谓广学，就是提升这种素养绝不仅仅是在基本工作层面，而是延伸到工作之外、生活之中，不要急功近利地对一些看似很实用的诸如"如何让你的员工成为加西亚""搞定客户十大秘诀"之类的鸡汤着迷，要广为涉猎、广为思考，才有精进。所谓深思，就是要去默习、体认，视思如行，培养真正的独立思考能力。《中庸》认为中庸之道费而隐（用之广，体之微），虽平常之人亦有可知可行，虽圣人亦有不知不行。也就是说，这种修养没有止境，要一直学习，一直修炼，即《中庸》所言"自明诚，谓之教"。

其次，灰度与中庸对外而言，是一种格局、是一种柔性。任何管理之局都不可避免地作为一个博弈之局存在，管理的作为与管理规则谋求的都是理顺博弈关系，引导各角色尽量保持合作的状态，以降低博弈成本、实现双赢多赢，而不是制造激烈的、不可测的对抗性博弈，从而拉升博弈成本、导致双输多输。所以双赢多赢是目标，协商、妥协是必要的过程。从传统文化角度论述这个道理，则是人本万象，千差万别，要讲一个"和"字，以各安其位，和谐共处，从而使全局性效能最高。要追求这种境界，从心法上，宽容与权变是要点。

世界本是万异，要合万异成一共存生态，必须有容纳之量，此谓宽容、此谓格局。因人有万异，所以事有万异，要维持多样统一，实现多赢，务必要在不同的时空点上，有因地制宜的灵活应对方略，此谓权变、此谓柔性。华为讲"一个领导者的水平就是他的灰度"，正得此意。

一个产品质量不错的供应商，价格怎么也谈不下来。那好，不谈价格了，希望你供应商在供货周期上承诺给我们压缩，希望你供应商要开放一些技术给我们，希望你供应商承诺给我们常备一些安全库存，这些是可以写进采购流程作为指导原则的，这就是灰度。一个足球教练对训练和比赛指挥很拿手，但不擅长管理"更衣室"。那好，允许你带负责管理"更衣室"的助手一块入职，也给他高薪（此处指里杰卡尔德与他的助教腾卡特执教巴萨之事），这就是灰度。

灰度与中庸的基础和根本是诚意。什么是诚意？"毋自欺，如恶恶臭，如好好色"，简单说就是真实无妄，好就是好，不好就是不好，方就是方，圆就是圆，**以事物客观本然的样子去看待它，不会因为自己的私欲（即贪嗔痴慢疑）而有意无意歪曲认知。**巴萨与皇马两个球队在国内的球迷都很多，他们经常在一些足球新闻的评论里互黑，巴萨球迷把 C 罗在打弱队时，进"帽子戏法"或"大四喜"称为"虐菜"，认为含金量不高；反过来皇马球迷把梅西与苏亚雷斯打弱队时，进三球、四球称为"虐菜"，认为含金量不高。这就是私意阻隔了客观的认知，是没有诚意的。

在管理实践中，在管理规则设计中，诚意对待内外部各种条件与事实，才能保障判断的正确，从而做出正确的选择；诚意对待相关的各角色人员，才能换位思考，洞悉各自诉求，从而引导人们的合作与共赢，防范对抗与舞弊（绕过规则谓舞弊），实现对局面的有效驾驭。我们在生活与工作中需要填写各种表格，读者朋友是否遇到过那种让人不知所措的表格、哭笑不得的表格、重复啰唆的表格，甚至让人想爆粗口的表格？这种表格就是缺乏诚意的，它的背后一定站着缺乏诚意的设计者。在企业中，我们常见到那种"一刀切"的流程，业务本来有多种分类，实际上也应有不同的处理路径，但"一刀切"的流程不理会这些，任何情况都要按照路径最长的那个情况走，这背后也是流程设计者的缺乏诚意。缺乏诚意的结果，不仅仅是给对方带来不方便，反过来也会对自己不利，自己的意图也不能很好实现。

《中庸》里有一句话："唯有诚意，才能尽人之性、物之性。"这句话用在企业管理方面十分恰当，只有基于诚意的管理，才能实现组织资源最合理的配置，才能实现组织资源最高的效能。

规则设计过程除了是专业角度的运筹排序，更是对人性的把握，而对人性的把握就是对博弈局面的分析与驾驭。对博弈局面的分析与驾驭，就是以诚意对待局中每个角色的诉求，设计恰当的规则引导出最好的合作与激情，并防范偏离规则目标的风险。同时，要对局中每个角色对预设规则的回应，做出角色代入式样的预测，并据此不断调整。而做好这件事，需要诚意、灰度与中庸。

理解了诚意、灰度、中庸这些非专业要素对管理和规则的影响，就会明白：**规则不是静物写真式的冰冷条文，规则是有温度的，规则是有生命的；规则最终是要面对活生生的人群的，所以它是有态度的，它是能体现是否有诚意的，它也是有善恶的。**

七、以博弈思维设计规则

以博弈思维设计规则有三个要点：

第一，以规则的确定应对结果的不确定。

第11章
重新认识规则

博弈有个基本特征，就是具有不确定性，这源于博弈各方都有多个博弈策略选择。而规则的作用就是通过利益杠杆，引导、制约博弈各方的策略选择，让所有人的选择总集，能最大程度趋向合作、聚焦到组织的主要目标上来，从而实现组织资源效能的最大化。也可以说，规则通过裁剪矢量化的博弈空间，让博弈结果从无常转向有常，提升了预期博弈结果的实现概率。博弈结果会受很多要素的影响，包括内外部环境的变化，人的能力大小，人性的多样性，随机产生的各种干预因素等。也就是说，规则并不是博弈结果的充分必要条件，规则并不总是直接意味着结果（有些情况下会）。但规则是否就没有价值了呢？答案绝对是否定的。

站在组织管理层的角度，驾驭整个组织，规则是最好的杠杆、最好的武器。在影响结果的各种要素里面，规则是确定性最好的，也是最靠谱、最有效的。谋事在人，成事在天。**管理者之谋，就是设计、制定最合适的规则。**

规则与结果的关系，可以表述为一个公式：$y = f(x)$，f 是规则，x 是现实中的因变量，y 是结果；f 是确定的，x 和 y 是不确定的，好的 f 可以提升结果实现的概率，在特殊的情况下，规则可以直接括定结果。

企业规则建设的成绩，就是提升企业内功与整体实力。实力建设是企业的生命线，虽然"猪碰上风口也能飞起来"，但没有翅膀会摔死的，翅膀才是真正的实力。所以，对一个明睿的企业家而言，他不会因看到实力强的也会失败、风口找得准的也能起飞，而放弃或慢待企业的内功建设，这就是远见与格局。华为的手机业务可谓是一个楷模，还有步步高系的OPPO和VIVO，它们和小米的区别就是内功更扎实。虽然内功更扎实并不意味着一定会优胜，但当它们在所谓商业模式、市场判断等方面和小米没有大差距的时候，内功的优势就会立刻转化为真实的竞争优势。记得有位企业家说过，企业发展是马拉松，不是百米跑。企业用马拉松方式来跑，才能花开四季，才不会昙花一现。

第二，事前博弈。

凡组织中的规则、方案、计划等措施，必有一定目的，而目的是要通过影响组织中人们的行为实现的。在规则、方案、计划中，必然包括对相关部门与人员行为的要求与预期，但是，现实中人们往往会依据博弈中的利害计算，来决定是否和如何执行规则、方案、计划中的要求。为保证新设计的规则、方案、计划能够被切实执行，仅仅在执行过程中的施压是不够的，而要在一开始就从博弈的角度进行沟通、协商、评估和预演，以确保设计内容在"未发之前"就具有了适合现实博弈形势的特质。"未发之前"所做的那些沟通、协商、评估、预演工作就是事前博弈。

在此借用阳明学中"知行合一"概念来说明事前博弈与事中执行的关系，事前博弈就是"知"，事中执行就是"行"，"知"已包括了"行"，"行"验证了"知"，"知"为"行"之始，"行"为"知"之成，真正知行合一。

规则的意义在于驾驭博弈局面，设计规则时必须要把规则放到博弈背景下去看待，脱离了博弈背景，规则本身是无意义的。同时，规则又是博弈的产物，这意味着有效的规则必须要经过现实博弈的"验证"，事前博弈相当于用"彩排"方式，提前"验证"规则的有效性。其他诸如规则环、规则要合乎"理"、规则要重视公平公正、设计规则要有诚意和灰度等，都是进行"事情博弈"应要遵从的准则。

事前博弈的核心特征是多方参与，即让会受到规则影响的各方利益干系人参与规则的设计过程，通过博弈和协商求同存异，以形成合理的、有效的规则。多方参与有如下几个关键要点：

其一，核心利益干系人往往具有最积极的规则设计热情，特别是既有事态状况不太好，核心利益干系人普遍认为旧规则不合理，他们普遍渴望并追求能改变现状、改善自身处境时。企业内部的管理变革，要善于、也应该积极利用普通员工的热情和见解。以我的看法，如果一个企业真的敢于借用员工本身的力量和见解去改善管理，哪怕没有优秀标杆借鉴、没有体系化的方法论支持，只要能真正倾听员工的心声，整合员工们的诉求和建议，也一定能做出不小的管理改善。

其二，多方参与是一个集思广益的过程。参与的各方一般拥有不同专业特长和视角，如果能管理好各方面的知识协作聚合模式，发挥其择优、纠错、叠加效用，可以让规则更完善、更有效率、更有可行性。

其三，多方参与自然也就包含了多方利益，使各方诉求都能被表达和重视，从而可扫描到规则本身的漏洞，有利于形成具有内涵平衡性、健壮性的规则。在横跨多部门、多角色人群的规则制定中，经常出现其中某些部门、某些人群诉求被忽略的情况。在公共管理领域的"听证会"制度，其实质就是一种多方利益代言机制。

其四，多方博弈情况下形成的规则，是接近契约形式的，而具有契约性的规则，具备更好的可执行性。契约算是一种特殊的规则，由于是相关多方相互博弈、相互妥协而达成的协议，所以具备远高于强制性规则的自觉执行性。

第三，驾驭潜规则。

良性潜规则多是基于价值观的引导，不良潜规则多是基于非正当利益的诱惑。

管理是有意志的，而管理意志的实现，需要相关明规则与良性潜规则的配套搭配，后者起到催化剂、润滑剂、黏合剂一样的作用。所以应该从一个管理意志或管理企图的高度去规划、去引导良性潜规则。二十多年来，华为在内部一直严控与工作无关的等级化，很早就限制管理者拥有单独的办公室，而是坐在大办公区里自己部门区域的最后一排；食堂也不会像很多企业那样分级（早年我在一个港资企业待过三个月，有四级食堂，分别是普通食堂、大专以上学历者食堂、中层管理者食堂、高层管理者食堂），上上下下都在同一个食堂就餐；多年以前，一个操作工人和一个 VP 拿到的交通食宿补助都是每月一千元；等等。这些是规则层面的举措，文化层面呢？老板任正非也是吃员工食堂，二十多年前这样，十多年前也这样。2016年4月任正非的两张照片红遍网络，一张是他在员工食堂排队吃饭，另一张是他在机场自行打的。这些是对良性潜规则或者说文化的示范与引导。

规则设计无法无视不良潜规则的干扰。下面对规则设计中如何驾驭潜规则做一番探讨。

从全局角度看，不良潜规则意味着博弈的失控。要驾驭不良潜规则，首先就要正视潜规则的存在，不要回避它，也不要企图以过于理想化方式消灭它，而作为管理的一项必须内容来驾驭它。何谓驾驭？既不是任其自生自灭，也不是简单以强力去禁绝它（这么做往往徒劳无功），要了解潜规则存在的博弈背景，洞悉局中各方的利害考虑，好的潜规则就鼓励它、引导它，不好的潜规则，则抓住其"七寸"处，消解其"能量"来源。

要驾驭不良潜规则有如下要点：

其一，使其不能生，控制潜规则产生空间，即压缩博弈空间。

利益是不良潜规则的唯一诱食剂，不良潜规则是寻求利益的捷径。要抑制不良潜规则的产生，需要依据博弈背景识别各方在利益所在、各角色"权生利"的可能所在,然后在规则中寻找漏洞,再寻找完善规则的途径。这包括如下几个要点:一是不要留大面积的规则真空;二是要对部门或个人的自由裁量空间做出必要的限制;三是运用组织制衡手段;四是不断寻找并修补漏洞。

其二,使其不能长,遏制潜规则的成长空间。具体说就是,通过规则机制设计,让潜规则中的违规行为更易被发现、处罚更严厉,从而让欲行潜规则者认为这么做不划算。这包括两个要点:一是业务过程的透明化,二是建立威慑机制。

其三,领导者要做好示范。领导者权力很大,而投权力所好往往是人们博取利益最大的可能捷径,"势"是对未来利益的预期,依托于权力"绿色通道"的利益期望就成了最大的势,也成为组织内最大的政治。领导者应该记住一句话,很多东西都是在无心插柳之际就已注定。在其位,有其高,举手投足间,已播下粒粒种子,成瓜成豆,就在那举手投足间。是瓜是豆,领导者内心其实是可以感知的,只要心诚、毋自欺,一定能感知到。

其四,收编潜规则,就是把暗的变成明的、把台面下的搬到台面上。有一个家装行业的案例,该行业有个行业级的潜规则,就是设计师带客户去建材商店挑选装修材料,店家会给设计师10%以上的回扣。针对这种情况,有一些企业以企业名义主动和一些建材商店签订合作协议,设计师如果带客户去购买东西,回扣统一返给装修公司,然后装修公司再拿出一定比例奖励相关设计师。

附　录

一、从治术到管理

管理是个现代词汇,其渊源起于20世纪初的早期管理大师泰勒、法约尔、韦伯等人,经过百年发展,已经成为一门比较成熟的学科。当管理被视为一个专门学科,是种幸,也是种不幸。言其幸,是因为它因此得到了更多的关注,与更专业化手段的开发与推广;言其不幸,是因为管理这个概念过于狭隘的定义,使其如同是横空出世一样,隔断了同人类几千年历史的联系,不利于管理学跨界吸收营养。同时,人们默认管理就是企业管理的思维惯性,也局限了管理理论与方法在非企业领域的应用。我个人还认为,以各种专业术语过度包装的管理学,于有意无意之中筑高了管理的进入门槛。管理应是"众人之学",有着广谱的应用,当它看起来过于专业、过于高大上、远离常识化时,其实不利于更多的人了解它、应用它。

抛开所谓现代性学科的外衣,应该说管理学自古有之。以前虽没有企业,也没有形成更具针对性的专门理论架构,但在实践上,在管理思想与手段的运用上，管理学可谓历史悠久流长，管理智慧的光芒在人们日常生活场景中常常闪耀。一旦解开束缚，蓦然回首，会发现能够帮助人们更好认知管理、应用管理的给养是如此之丰富，历史可以给我们给养、日用常识可以给我们给养、竞技比赛可以给我们给养、军事战争可以给我们给养……正如朱子（朱熹）一首诗所云：问渠那得清如许？为有源头活水来。

治物之学沧海桑田，治人之学其根不易，治人者，治人性也，天赋人性不易。古代没有企业，那时的人们研究的都是治理天下的学问。中国先秦儒、法、道、墨、名、阴阳等各家，尽管理论、方法差异巨大，但无不是以追求天下大治为其宗旨，正如太史公司马谈（司马迁之父）所言"一致而百虑，同归而殊途"。另外，中国人的历史是记得最好的，并且侧重在政治方面，以方便"资治"，所以保留了巨大的管理案例库与管理点评。传统文化还有一个精髓，就是笃信"一"的观念，认为万事万物本质上是统一的，所以"修齐治平"是一回事，就是一个修身的过程，道理必定都在平常日用中。这个观念给我们一个很好的启示，管理之理无处不在，不是专门去读一些专业书籍，去听一些专业课程才能接触到，关键在于要用心去观察、去体会、去思考。

《红楼梦》第十四回，有宁府请王熙凤帮忙主持秦可卿丧事的情节：

> 一时看完，便又吩咐道："这二十个分作两班，一班十个，每日在里头单管人客来往倒茶，别的事不用他们管。这二十个也分作两班，每日单管本家亲戚茶饭，别的事也不用他们管。这四十个人也分作两班，单在灵前上香添油，挂幔守灵，供饭供茶，随起举哀，别的事也不与他们相干。这四个人单在内茶房收管杯碟茶器，若少一件，便叫他四个分赔。这四个人单管酒饭器皿，少一件，也是他四个分赔。这八个单管监收祭礼。这八个单管各处灯油、蜡烛、纸札；我总支了来，交与你八个，然后按我的定数再往各处去分派。这三十个每日轮流各处上夜，照管门户，监察火烛，打扫地方。这下剩的按着房屋分开，某人守某处，某处所有桌椅古董起，至于痰盂掸帚，一草一苗，或丢或坏，就和守这处的人算账赔补。来升家的每日揽总查看，或有偷懒的，赌钱吃酒的，打架拌嘴的，立刻来回我，你有徇情，经我查出，三四辈子的老脸就顾不成了。如今都有定规，以后那一行乱了，只和那一行说话。素日跟

我的人，随身自有钟表，不论大小事，我是皆有一定的时刻。横竖你们上房里也有时辰钟，卯正二刻我来点卯，巳正吃早饭，凡有领牌回事的，只在午初二刻。戌初烧过黄昏纸，我亲到各处查一遍，回来上夜的交明钥匙。第二日仍是卯正二刻过来。说不得咱们大家辛苦这几日罢，事完了，你们家大爷自然赏你们。"

说罢，又吩咐按数发与茶叶、油烛、鸡毛掸子、笤帚等物。一面又搬取家伙：桌围、椅搭、坐褥、毡席、痰盒、脚踏之类，一面交发，一面提笔登记，某人管某处，某人领某物，开得十分清楚。众人领了去，也都有了投奔，不似先时只捡便宜的做，剩下的苦差没个招揽。各房中也不能趁乱失迷东西。便是人来客往，也都安静了，不比先前一个正摆茶，又去端饭，正陪举哀，又顾接客。如这些无头绪、荒乱、推托、偷闲、窃取等弊，次日一概都蠲了。

每读到此处，忍不住拍案叫绝，王熙凤的项目管理做得真是教科书级的，分工讲究、标准细致、赏罚清晰，各处风险掌握得一清二楚，人员心思拿捏得丝丝入扣。谁能说这不是管理？

《汉书·丙吉传》记载这么一件事：

汉宣帝时的宰相丙吉十分关心百姓的疾苦，经常外出考察民情。一次外出，他路见一群人在斗殴，地上有死伤者，却没有过问，继续前行。后来又看到有人赶牛行路，牛吐着舌头喘大气，好像很不正常，他就停了下来，派差人去问怎么回事。随行有官员认为丙吉对待这两件事错位了，重畜不重人，面带讥色质问丙吉。丙吉说："民间斗殴有死伤，自有长安令、京兆尹（这二者是京城地方主政官员）负责逐捕斗殴之人，有关部门年终会例行对他们进行考绩，宰相不应该亲自处理小事，所以我没有过问。现在是暮春，还未到炎热天气，那头牛像中暑一样喘息，我担心时气有异常，给农事造成大伤害，所以才派人去询问。"随行官员于是心服口服，认为宰相大人识大体。

以今天管理的眼光看这个事，可以受到启发，那就是领导者对例行的事情不必管得太细，因为下属各有职责对应。相反，倒是有隐患的例外事情，没有明确的部门职责对应，领导者应该多加关注。

《商君书》说："善治者，使跖可信，势不能为奸，虽跖可信也；势得为奸，虽伯夷可疑也。"跖即盗跖，是当时坏人的代名词，伯夷是当时贤者的代名词。这句意思是，管理本身很重要，要通过适当的管理手段，塑造一个形势，在这个形势下，坏人也会变得靠谱，因为势在不由他；如果管理不当，不能形成好的形势，就是好人也会变得行为可疑。赵简子用阳货（又称阳虎）的故事恰好印证了这个说法。

阳货是鲁国季氏家臣，他在鲁国窃政为患，是个著名的坏人，被孔子称为乱臣贼子。后来阳货被鲁国驱逐，他投靠了当时的晋国执政赵简子。赵简子收留他的时候，很多人劝阻，说这个人是个坏人，不要收留他，以免养虎为患，但赵简子不理会，任命阳货做了赵氏首辅。阳货后面干得很不错，为赵氏强盛做出了积极贡献。

分析此事，其实并非阳货这个人洗心革面，一下就变成好人了，而是赵简子管理到位，驾驭住了阳货，让他不得为恶，只能尽责于本分。

我有一个陕西的朋友，他先是我咨询客户的高管，后来我们成了朋友。他很谦虚，给我讲自己读书不多，是从最基层的岗位一步一步干上来的。有次我俩聊天，他给我讲了他自己的一个故事，说他还在做某个部门的经理时，部门有个比较顽劣的员工，赏罚不吃，死猪不怕开水烫的样子，很难管制。后来发生了一件事，这个员工从此洗心革面了。发生了什么事呢？这个员工的奶奶去世了，我这朋友了解到这事以后，就买了花圈、爆竹等祭物，带着几个员工以公司名义开车去那个员工的村子里做了拜祭。这是那个员工始料未及的，他特别感动。自此以后，这个员工就像换了一个人一样，工作积极、表现突出。

我想任何一本管理教科书不会教人这种管理手段的，我这朋友的做法完全是基于生活常识的运用。因地域风俗，那地方农村对婚丧嫁娶看得很重，所以当我这朋友以公司名义去拜祭时，在村里是很风光、很有面子的一件事。从专业管理角度看，这相当于一种很有效的激励措施，远胜常规的调薪、表彰，效果非常好。由此，我们也可加深一个认知，**管理即常识，常识中有管理。**

形而上者谓之道，形而下者谓之器。古之治术也好，今之管理也好，不能自树藩篱，拘泥于形而下的界限区隔，观事思理、融会贯通、晓其理知其用才是正途。简言之,应"不拘一格待管理"。

二、势场

做管理的人对一个情况应该都不陌生,就是同样一个人,在 A 企业和在 B 企业的表现可能大相径庭。在深圳居住的很多人既见过香港马路上车辆的秩序感,也见过挂着香港牌照的大货车在深圳野蛮行驶。为何"橘生淮南为橘,生淮北为枳"?很多人把这种反差归因为制度原因,也有很多人将之归因为文化原因。二者都有道理,但总觉得解释尚不够通透。

前面讲过规则的实质是势,而势是矢量。所谓矢量,是借用物理学的一个概念,有大小、有方向。一个空间内有很多小磁铁散落分布,每块磁铁都有一道磁力,所有磁力的交融、合并,就形成了一个空间总磁场。同样,在一个组织中,所有规则的势相互交融、合并,就形成了一个组织的"势场"。组织的成员都处在这个势场的引力之下,组织成员的行为趋势会无限趋向势场的矢量方向。

基于"势场"的概念,我们可以说一个企业的运营管理水平及好坏，最后就体现为它的势场。同样一个人，在不同组织中呈现的不同行为特征，根源就是不同组织有不同的势场，个人在不同势场作用下，会呈现出不同的行为形态。很多管理者喜欢追求对具体事件的控制力，但从宏观的角度看，组织势场才应是管理者要追求的东西。势场是组织可控性的综合反映，可以说，一个企业的管理建设就是追求并打造一个好的势场的过程。

"势场"是个新概念，从构成上它具有如下特征：

（1）势场的主要构成要素是势，而势又有多种不同的来源，有源于正式制度的，有源于各种潜规则的，有源于领导者示范效应的，有源于社会文化的，有源于组织自身文件的，等等。

（2）作为一种矢量，势场中的各种势就像力一样会相互影响，形成"合力"。"合力"有一定隐蔽性，但正常情况下组织成员却能够强烈感受到它的存在，并受它的支配。

（3）作为矢量，势是有强度的，有强有弱，彼此交互影响形成"合力"时，弱势会被与之相悖的强势吞噬。

（4）势是有层次的，低阶的势会自发融合为高阶的势，因为组织成员所处的位置不同，他们感知到的高阶势是有区别的，高阶势的存在感是高于低阶势的，对组织成员的影响也大于低阶势。

（5）羊群效应也会影响势场，羊群效应也叫从众效应，指个人受全体影响或压力而趋向与多数人一致的方向变化的现象。

在新闻媒体上，人们经常可以看到一些性质相类的新闻事件，比如发生天灾人祸时，常有相关主政官员瞒报或少报损失。这些主政官员自身的道德素质自然应该指责，但从深层来说，造成这种情况群发的原因，不能否认没有那些官员所依存组织的"势场"引力所发挥的作用，并且是基础性的作用。

在企业管理中，理解和掌控如此繁复的"势场"，可以抓住一个主线，那就是"投入回报认知"。所谓投入与回报认知，其衡量标准并不仅仅是物质层面的，还有精神层面的体验，主要可从两个层面去看待：一个层面是"这个企业值不值得我待在里面去奋斗"，一个层面是"在这个企业我怎样做能让投入回报比更高"。

对于第一个层面，如果员工总体认知是"划算"的，那这个企业的总势场就是一个正能量的势场，员工愿意与企业共奋斗；相反，如果很多人认为总体认知是"不划算"的，那这个企业的总势场就是一个负能量的势场，会通过优秀员工的流失、在职人员活性下降等消极方式，使这个企业的基本组织重获平衡，但这是一种低品质的平衡。

对于第二个层面，员工会找出"如何做才能让投入回报比最高"的优势途径，沿着这条途径去工作。比如当员工认为"做得好不如说得好"时，就会把核心注意力放在"说"上。一个企业领导者审视企业整体管理局面的时候，不妨从这个"投入回报认知"视角去做出思考和判断。楚汉争霸时，很多人才从项羽这边跑到了刘邦那边，就是因为他们认为跟着刘邦干比跟着项羽干的投入回报比高。

从效用角度，势场比某个管理手段或策略对当事人行为的影响要大得多。势场就是最现实的那个场景，各种可意会不可言传的东西都在里面。经常可以看到同样一条规则，在不同组织中呈现出的效用力度差异很大，原因就是它们依存的势场不同，势场的总势会对个别规则包含的个别势产生作用，从而使个别势出现差异。

从性能角度，可以衡量一个组织势场优劣的指标是协作畅顺度。就是说，从全局角度看，所有部门、人员协作得好，势场就优，协作得不好，势场就劣。换成传统视角看，其实就是组织资源总效能发挥度，既定的人、财、物资源条件下，势场好的企业比势场差的企业所创造的价值大得多。

当一个组织势场中的高阶势是维系于特定少数人时，势场的稳定性会比较差，企业风险也大；当高阶势维系于规则或团队（团队的本质还是规则）时，势场的稳定性就比较好，企业的风险相对较小。

势场这个概念相对比较抽象，为什么还要提出来呢？主要有两点考虑：一是针对企业管理者们往往"见木不见林"的弊病，眼里只有具体的人、具体的事，没有更高的格局，希望势场的概念能让他们对此类弊病有所警惕；二是强化一个一个的规则是形成企业总势场的基础，千里之行始于足下。

皇上听说百姓多跟着李自成跑了，叹息了很久，然后说："我以前当面对河南的督抚说过，叫他们选好将领，选好官员。有了好将领，自然兵有纪律，不敢扰民。有了好官员，自然安抚百姓。百姓视之如

父母,谁还肯跟着贼跑?这是固结人心,是比剿贼还要靠前的事。"(摘自吴思《潜规则(崇祯死弯》)

可以看出,在崇祯皇帝最后的日子里,他还是把王朝的溃败主要归结为人的问题,没有明白其实是明王朝的整个"势场"已经溃烂。

三、文化

文化是个使用频率非常高的词汇,人们理解各异、用法各异。在这里,我基于"势""规则"这两个概念,来尝试解构文化一词。

第一,组织文化是如何形成的?

从文化形成的诱因看,大体有三种来源:

一是源于群体性内心渴望。群体渴望的、期望的东西,在某种偶然因素触发下,就有可能找到一种载体,形成文化。比如,中国南部沿海地区信奉"妈祖"的文化,就是在渔民世世代代面对不可控的出海风险,渴望有一种超自然的力量能够保护他们、给他们心理依托的背景下产生的。传统中国存在很浓的求子文化,从南到北,人们会向菩萨、向关公、向泰山奶奶等各路诸神，虔诚许愿求子，其背后正是传宗接代、重男轻女的群体性诉求。

二是源于习惯。习惯的惯性会自然演变为文化。人们在不同的生存环境中，会形成与环境相匹配的、特有的生活习惯，这些习惯在人们记忆中不断强化，最后会形成文化。欧洲人自古以来"靠海吃饭"的生存方式使他们形成了海盗文化、商业文化；大草原上的游牧民族因为朝夕迁移、生产产出单一，所以形成了掠夺文化；中国东北冬酷冷、冬季漫长使那里形成了"唠嗑"文化，等等。

上述两种方式是大文化的主要形成方式，也就是民族性的、地域性的、跨度时间长的文化。在此，我们不过多关注，主要关注组织文化、企业文化。这种类型的文化来源主要是组织内人群博弈的结果。其本质上是一种势，一定意义上也可以称为一种特殊的规则。在组织内不同利益群体之间的博弈中，人们会从不同行为导致的不同利害结果中进行总结和反思，从中提炼出一个"如果 a，那么 b"的范式，也就是形成了一个势，它是一种基于事实的"统计"结果，是现实秩序的自然呈现。也就是说，即使在无组织、无意识状态下，一个组织也一定会发展出各种文化来，这种文化不是谁有意识设计出来的，而只是人们基于对现实秩序的"感悟"，自发形成的。

从企业管理的角度，人们更关注如何有意识地引导形成某种想要的文化，这需要用倒推法找到关键因素。文化是现实秩序的沉淀，是一种滞后的"总结"，关键因素在于秩序。什么决定着秩序呢？是事实规则（包括有效的正式规则和潜规则）。反过来讲，文化形成之初，背后一定有现实规则支撑，文化的产生和这些事实规则是分不开的，一定意义上可以认为文化是对事实规则的总结与提炼。**所以，文化的引导要从规则入手。**

比如说，华为公司的"狼性文化"，不是因为华为官方大力宣传这种文化，就有了这种文化，背后是有现实的规则支撑的。这些规则一定蕴含了如下要点：

（1）按照文化行事，是公司鼓励的，个人利益也会因此受到奖励；

（2）如果缺乏这种文化精神，则不被公司认可，会收到负回馈；

（3）公司对在狼性文化下可能产生的失误，有较宽包容性。

又比如，华为的"垫子文化"，20几年来一直可以看到华为员工在办公室有一个可以直接铺在地板上的单人床垫，这是用于午睡、晚上加班睡的。所谓"垫子文化"，指一种奋斗精神，即为了实现任务目标，不惜累、不惜苦、不惜时，把所有精力、时间聚焦于任务本身的一种奋斗精神。"垫子文化"背后是华为的价值评价体系、价值分配体系。

文化有个特性，就是可以间接形成，即并未直接经历或参与过博弈过程的旁观者，也可以基于观察到的事件博弈及结果，总结并提炼出自己的文化性认知。比如南京彭宇案，被各种媒体广泛报道，有很多个所谓真相版本。从其对社会产生的影响看，真相似乎已经不重要了，重要的是这个轰动全国的新闻事件，的确对我国社会文化带来非常大的冲击。在这个事件中，人们读到了一个"势"：做好事是有风险的，好心不一定有好报，所以不要随便去做好事。随着这个"势"的扩大，会对传统助人为乐文化造成越来越大的冲击，进而会促进形成"事不关己高高挂起"的负面文化。

文化一旦形成，新加入成员也会很快认同和侵染这种文化。表面上看起来，这是思想教育和氛围熏陶的结果，但其实并没有改变其作为一种诞生于现实博弈而形成的势的实质，与受组织管理规则影响而得以形成的实质。这点很重要，因为很多企业在舍本求末，企图仅仅通过强力"洗脑"就建立一种一厢情愿的文化。这些企业应该记住这句话：**文化是做出来的，不是喊出来的。除了少不更事的人、头脑单纯的人，多数人是会思考的，他们认知一个道理，毕竟还是绕不开"利害计算"这一环节。**

总言之，规则是文化的基础，文化是规则的升华。

一定有人会说，规则的形成本身不是也受组织文化的影响吗？所以，文化应该是先于规则的。这么说也有道理，这其实是一个类似"鸡生蛋还是蛋生鸡"的命题。假如从一个民族、社会、团体等大型主体的大历史、长区间来看，更容易看到是文化影响制度，比如日本人在工业化之前，把米饭做成寿司的那种精细精神，与现代日本企业的精密工艺水平是息息相关的。不过，相对于民族、社会等大型、长历史主体，企业是种小型组织，历史有限，属于短区间的存在，从企业文化要服务于企业管理的角度看（研究企业文化还是为企业管理服务），先有规则后有文化（规则是因变量，文化是果变量，进而文化再扮演下一轮的因变量）是更合理的认知，也是更有现实意义的认知。

也就是说，大格局（时间轴与空间轴都很大）下，更容易看到文化生规则；小格局下（时间轴与空间轴较小），则更容易看到规则生文化。其实，即使大格局下，规则生文化的特征也非常明显，只是多数人容易忽略这一点，他们更选择性看到文化生规则。比如，明朝时，大臣对皇帝自称臣，清朝时，大臣对皇帝自称奴才（据说这是一种荣耀，一般人了旗才可以这么称呼）。这二者的差异不应简单说是满汉文化的差异，背后还是政治制度的差异，明朝是士大夫制，朝廷要尊重士大夫的人格；满人是搞八旗制的，八旗制本质是主奴制。

第二，文化的本质是什么？

文化的本质也是"势"，文化是提炼、升华后的"势"，有"由点到面"的特征。比如，历史上有个鸣镝射马的故事，匈奴单于冒顿立的规则是"冒顿的鸣镝射向哪里，士兵们的箭就必须射向哪里"，它包含的势是"如果我不把跟着冒顿的鸣镝射箭，我就会被处死"。但这个"势"在士兵心目中会自发演绎、抽象、升华，最后成为"冒顿让我做任何事情，我必须无条件服从"。升华到这个层面，其实就是文化了。

文化一旦形成，就具有一定的可独立传承性，这是它不同于规则之处。不过，这并不能改变文化一定不是凭空产生的这一事实。在其形成之初，一定有其特定规则基础，一定有其特定的博弈环境。从博弈到规则，从规则再到文化，这个过程用逻辑学解释，就是从归纳（从博弈中提炼出规则）到演绎（把规则演绎为文化）的过程。

除了可独立传承性，**文化还有一个特性，就是侵染性**，在某个领域产生的文化习惯，会在其他领域也"发挥作用"。众所周知的一个例子就是"麻将文化"，人们在麻将桌上形成的文化，会侵染到日常生活、工作中来，比如麻将中"即使我不和，也不会让你和"的文化。侵染性形成的原理是，一种文化会在人们心中形成一个思维定式，这个思维定式一旦形成，就会具有跨界性。金庸小说《神雕侠侣》中有这么一个桥段：

李莫愁被困在情花丛中，那情花有毒，为了不被情花伤害，李莫愁需要一个垫脚石才能跳出来。李莫愁抓起她的徒弟扔在情花堆上，想用徒弟的身体做垫脚石，不想徒弟一挣扎，李莫愁也跌到情花堆上。

黄蓉道:"你要出这花丛,原也不用伤了令徒的性命。"

李莫愁倒持长剑,冷冷地道:"你要教训我么?"

黄蓉微笑道:"不敢。我只教你一个乖,你只需用长剑掘土,再解下外衫包两个大大的土包,掷在花丛之中,岂不是绝妙的垫脚石么?不但你能安然脱困,令徒也可丝毫无伤。"

由此可以看出李莫愁的思维定式,即她的价值观,那就是"无毒不丈夫""损人才能利己",碰到问题时,她总会优先基于这个思维定式去寻找答案。

人们依据文化惯性选择行事策略时,不会做仔细的计算,而是几乎本能地就按照文化引力去做了。比如说,团队文化好的组织,当队友需要帮助的时候,成员会很自然就去帮助,不会思前想后把账算清楚再决定要不要去帮。又比如,德国那些具有工匠精神的匠人完全是自发地就把每项工作做到自己认为的极致,而不是因为做不好会被罚款才这么去做的。

第三,文化的效用是什么?

从组织角度而言,文化是作为一种"势"去影响组织成员的；从个人角度而言，文化是一种思维定式，使当事人优先选择具有文化核心精神的那种行为方式。无论哪一角度，相对于组织的正式规则而言，它都是"低成本"的。所谓低成本，是指它不像正式规则那样需要组织投入专门资源去制定、推行和维护，它自带驱动力。也就是说，当良好的组织文化发挥效用时，意味着组织管理成本的下降。比如，同样做某种质量要求高的产品，一个拥有浓郁工匠精神的企业做出比一个缺乏工匠精神的企业（假设它能做出来），成本要低得多，也容易得多。

从效果看，因为文化支配的行为带有更强的自觉性，并非被指令、被要求，所以效果会更到位。这正如一个员工做砸了一件事，他主动反思检讨与组织要求他写一份检讨书深刻度的差异是巨大的。

同时，文化可以以其在组织内"无所不在"的特征，弥补正式规则的缺漏之处，作为一种有通用性的"代理规则"发挥效用。特别是正式制度体系并不完善的组织，要运作良好，就更依赖于文化的作用。

企业是社会的一个子组织，社会文化对企业的影响是不可避免的,不管是好的文化,还是负能量的文化。事实上,很多很大程度上被视为"常态"的不良社会风气确实也会在企业内发散负能量。我们可以注意到,那些在内部管理上明显优秀很多的企业,往往正是因为它们并不理所当然地承认和接受那些不好的社会常态,而是以大勇大智的方式去同这些不良常态做斗争。

华为就是一个典型代表,不能说华为截然"清于世",消灭了不良社会常态,但相对而言,这些常态在华为得到了比较有力、有效的控制和改善,从而使华为的"能量转换效率"要高于大多数企业。

有句话叫"水至清则无鱼",很多企业信奉这句话,并把它作为一种智慧应用,久而久之,"水"就变得很浊、很污,最后水里的鱼或"中毒"而亡,或变异成有害的怪物。也有少数的企业完全不信邪,无鱼也要水清,结果把水质变得不再适合鱼类生存。华为的高明之处在于处理这类事情时,借助了自己创立的一个指导哲学——灰度:绝不允许水污下去,但也不会把"蒸馏水"作为管理目标。正是这个"灰度"管理哲学,让华为在对抗很多典型的不良常态方面,取得了实在的效果,形成了独特的华为文化。

另外一家企业在自己内部改造社会常态，形成自身独特文化方面的成效也是有目共睹，那就是海底捞。一个饭店的服务体贴程度可以让顾客自己也认为"变态"，足见其文化的反常态特征，而恰恰是因为这个反常态的企业文化，让海底捞在业内获取了几乎独一无二的竞争优势，并形成极好的社会性口碑。

第四，文化与场的关系是什么？

因为文化这个概念的广泛性，大家平时用这个概念的角度差异很大。我认为，很多人讲企业文化的时候，他们心里想的应该是我上面讲的"势场"。不过，我认为"势场"概念的外延比文化概念外延还要大，文化其实也是场的构成部分。相对而言，规则是有形的，文化是无形的，场就是由基于这些有形的、无形的"势"，最后合并、融合出一个综合性的"势场"。"势场"在组织内拥有高于某个规则或某种文化的影响力，是"BOSS"级的存在。

当然，"场"概念本身，无形的味道也是比较浓的，但我觉得还是不能把它和文化画等号。原因很简单，有形的规则是基础，没有了这个基础，容易走向虚无主义或纸上谈兵，对企业管理有大害。

第五，如何驾驭文化？

首先，我反对一种走偏了的、但到处可见的路线，就是置基础的规则制度建设于不顾，妄想通过口号化、仪式化的所谓文化建设，就把管理水平提升上去。说难听点，这是企图通过"洗脑"这种低成本的投入，取巧地、"神迹"式地提升管理水平。实际上这同一个人身体状况不好，老是梦想着吃个金丹，一下就把身体素质提升，甚至可以长生不老，是一个道理。有需求就有市场，有"金丹"的需求，就有"炼丹师"，有不靠谱的期望，就有不靠谱的"大师"，所以现在我们可以看到很多人在搞这个。我不是反对文化建设，是反对不当的文化建设方式。一个正常的企业，用正常的方法是做不到快速提升管理水平的，如果真做成了，这个企业也就近于邪教，就像搞邪教的、搞传销的看起来近似做到了"无中生有"，实则贻害无穷。

文化会自发形成，有组织就会形成文化。其中，即有管理当局希望看到的文化，也有管理当局不希望看到的文化。个中道理，就是前面所说的"文化

| 管理：以规则驾驭人性

是秩序的自然沉淀"。所以，对企业而言，最关键、最首要的是把有形的管理规则、制度、机制搞好、用好，根正则苗红，水到自然成。现实中，对于那些已经显现是不好的文化苗头，一般很难仅仅通过训话、教育等方式实质性解决，一定要从相应的关键规则层面采取措施。教育与宣传的功效多少还是有，要做，但切不可心存幻想，企图建立空中楼阁。当文化宣导的和员工感知的现实规则秩序背道而驰时，一定都是徒劳的。

那些企业文化做得好的企业，首先是规则体系本身做得好，然后基于现有规则与秩序再进行助推，把良好的"势"进行引导性归纳、演绎与升华，进而扩大良性文化的影响。华为有句很有名的话，叫作"绝不让雷锋吃亏"，我们可以把这看成一个文化宣导，别的企业也可以直接借鉴在自己公司内喊这个口号，但关键是这个口号的实际信服力。有信服力，它就是文化，没有信服力，它就只是个口号而已。在华为，这个口号是有信服力的，因为它背后有很多现实的"硬件"支持，包括用人机制、价值评价方式、激励方式，等等，这些都有了、都到位了，那么这个口号就是可信的。并且年复一年，这个口号被员工在里面见到的、遇到的各种现实印证了，使大家整体上信服了，所以它就是实实在在的文化。

总言之，大家都推崇华为文化，但可曾知华为的规则体系是如何高明？大家称赞海底捞的服务文化，可知海底捞后台支撑的规则体系是如何工巧？文化建设不能孤立进行，必须依附规则体系才可得以声张，凡事必有本有末、有体有用，倒行逆施，必受其咎，切记！切记！

文化设计与宣导的确能或多或少改变人们的价值观、思考逻辑，并通过提供更多信息促成人们改变思考结果。不过，这也并不能否定文化对现实规则与秩序的依附关系，而只是说文化设计确实具有很重要作用。华为有一句知名的话，也是华为提倡的一个文化，"烧不死的鸟就是凤凰"，这句话很励志，鼓励员工既要能放开膀子去干，又要有能承受挫折和委屈的胸怀（"烧不死的鸟就是凤凰"，人生何尝不是如此？任正非提出这句话，我们也可以把它看成是一个"过来人"对年轻后进的点拨与激励。但从受众的角度，真正理解、消化这句话并付诸己身是不易的，需要相关的经历和自我反思能力，比如一个刚毕业的年轻人很难真正体会其中味道）。从华为实际情况看，这个口号所倡导的文化,还是没有脱离华为的现实规则基础,因为华为的运作机制、考核机制、用人机制是能支撑的,且在华为内部并不罕见能佐证这个文化真实性的"真人真事"。

推荐作者得新书！
博瑞森征稿启事

亲爱的读者朋友：

感谢您选择了博瑞森图书！希望您手中的这本书能给您带来实实在在的帮助！

博瑞森一直致力于发掘好作者、好内容，希望能把您最需要的思想、方法，一字一句地交到您手中，成为专业知识与管理实践的纽带和桥梁。

但是我们也知道，有很多深入企业一线、经验丰富、乐于分享的优秀专家，或者往来奔波没时间，或者缺少专业的写作指导和便捷的出版途径，只能茫然以待……

还有很多在竞争大潮中坚守的企业，有着异常宝贵的实践经验和独特的闪光点，但缺少专业的记录和整理者，无法让企业的经验和故事被更多的人了解、学习、参考……

这些都太遗憾了！

博瑞森非常希望能将这些埋藏的"宝藏"发掘出来，贡献给广大读者，让更多的人得到帮助。

所以，我们真心地邀请您，我们的老读者，帮助我们一起搜寻：

推荐作者。

可以是您自己或您的朋友，只要对本土管理有实践、有思考；可以是您通过网络、杂志、书籍或其他途径了解的某位专家，不管名气大小，只要他的思想和方法曾让您深受启发。

推荐企业。

可以是您自己所在的企业，或者是您熟悉的某家企业，其创业过程、运营经历、产品研发、机制创新，等等。无论企业大小，只要乐于分享、有值得借鉴书写之处。

总之，好内容就是一切！

博瑞森绝非"自费出书"，出版项目费用完全由我们承担。您推荐的作者或企业案例一经采用，我们会立刻向您赠送书币100元，可直接换取任何博瑞森图书的纸质版或电子版。

感谢您对本土管理的支持！感谢您对博瑞森图书的帮助！

推荐邮箱：bookgood@126.com　　推荐手机：13611149991

与主编加为好友：　→　　bookgood2000

博瑞森管理图书网：http://www.bracebook.com.cn/index.html

1120 本土管理实践与创新论坛

这是由 100 多位本土管理专家联合创立的企业管理实践学术交流组织，旨在孵化本土管理思想、促进企业管理实践、加强专家间交流与协作。

论坛每年集中力量办好两件大事：第一，"**出一本书**"，汇聚一年的思考和实践，把最原创、最前沿、最实战的内容集结成册，贡献给读者；第二，"**办一次会**"，每年 11 月 20 日本土管理专家们汇聚一堂，碰撞思想、研讨案例、交流切磋、回馈社会。

论坛理事名单（以年龄为序，以示传承之意）
首届常务理事：

彭志雄　曾　伟　施　炜　杨　涛　张学军
郭　晓　程绍珊　胡八一　王祥伍　李志华
陈立云　杨永华

理　　事：

卢根鑫　王铁仁　周荣辉　曾令同　陆和平　宋杼宸
张国祥　刘承元　曹子祥　宋新宇　吴越舟　吴　坚
戴欣明　仲昭川　刘春雄　刘祖轲　段继东　何　慕
秦国伟　贺兵一　张小虎　郭　剑　余晓雷　黄中强
朱玉童　沈　坤　阎立忠　张　进　丁兴良　朱仁健
薛宝峰　史贤龙　卢　强　史幼波　叶敦明　王明胤

陈　明	岑立聪	方　刚	何足奇	周　俊	杨　奕
孙行健	孙嘉晖	张东利	郭富才	叶　宁	何　屹
沈　奎	王　超	马宝琳	谭长春	夏惊鸣	张　博
李洪道	胡浪球	孙　波	唐江华	程　翔	刘红明
杨鸿贵	伯建新	高可为	李　蓓	王春强	孔祥云
贾同领	罗宏文	史立臣	李政权	余　盛	陈小龙
尚　锋	邢　雷	余伟辉	李小勇	全怀周	初勇钢
陈　锐	高继中	聂志新	黄　屹	沈　拓	徐伟泽
谭洪华	崔自三	王玉荣	蒋　军	侯军伟	黄润霖
金国华	吴　之	葛新红	周　剑	崔海鹏	柏　龑
唐道明	朱志明	曲宗恺	杜　忠	远　鸣	范月明
刘文新	赵晓萌	张　伟	韩　旭	韩友诚	熊亚柱
孙彩军	刘　雷	王庆云	李少星	俞士耀	丁　昀
黄　磊	罗晓慧	伏泓霖	梁小平	鄢圣安	

企业案例·老板传记

书名．作者	内容/特色	读者价值
你不知道的加多宝：原市场部高管讲述 曲宗恺　牛玮娜　著	前加多宝高管解读加多宝	全景式解读，原汁原味
收购后怎样有效整合：一个重工业收购整合实录 李少星　著	讲述企业并购后的事	语言轻松活泼，对并购后的企业有借鉴作用
娃哈哈区域标杆：豫北市场营销实录 罗宏文　赵晓萌　等著	本书从区域的角度来写娃哈哈河南分公司豫北市场是怎么进行区域市场营销，成为娃哈哈全国第一大市场、全国增量第一高市场的一些操作方法	参考性、指导性、一线真实资料
像六个核桃一样：打造畅销品的36个简朋法则 王超　范萍　著	本书分上下两篇：包括"六个核桃"的营销战略历程和36条畅销法则	知名企业的战略历程极具参考价值，36条法则提供操作方法
六个核桃凭什么：从0过100亿 张学军　著	首部全面揭秘养元六个核桃裂变式成长的巨著	学习优秀企业的成长路径，了解其背后的理论体系
借力咨询：德邦成长背后的秘密 官同良　王祥伍　著	讲述德邦是如何借助咨询公司的力量进行自身与发展的	来自德邦内部的第一线资料，真实、珍贵，令人受益匪浅
解决方案营销实战案例 刘祖轲　著	用10个真案例讲明白什么是工业品的解决方案式营销，实战、实用	有干货，真正操作过的才能写得出来
招招见销量的营销常识 刘文新　著	如何让每一个营销动作都直指销量	适合中小企业，看了就能用
我们的营销真案例 联纵智达研究院　著	五芳斋粽子从区域到全国/诺贝尔瓷砖门店销量提升/利豪家具出口转内销/汤臣倍健的营销模式	选择的案例都很有代表性，实在、实操！
中国营销战实录：令人拍案叫绝的营销真案例 联纵智达　著	51个案例，42家企业，38万字，18年，累计2000余人次参与……	最真实的营销案例，全是一线记录，开阔眼界
双剑破局：沈坤营销策划案例集 沈坤　著	双剑公司多年来的精选案例解析集，阐述了项目策划中每一个营销策略的诞生过程、策划角度和方法	一线真实案例，与众不同的策划角度令人拍案叫绝、受益匪浅
宗：一位制造业企业家的思考 杨涛　著	1993年创业，引领企业平稳发展20多年，分享独到的心得体会	难得的一本老板分享经验的书
简单思考：AMT咨询创始人自述 孔祥云　著	著名咨询公司（AMT）的CEO创业历程中点点滴滴的经验与思考	每一位咨询人，每一位创业者和管理经营者，都值得一读

续表

	书名・作者	内容/特色	读者价值
企业案例・老板传记	边干边学做老板 黄中强 著	创业20多年的老板，有经验、能写、又愿意分享，这样的书很少	处处共鸣，帮助中小企业老板少走弯路
	三四线城市超市如何快速成长：解密甘雨亭 IBMG国际商业管理集团 著	国内外标杆企业的经验+本土实践量化数据+操作步骤、方法	通俗易懂，行业经验丰富，宝贵的行业量化数据，关键思路和步骤
	中国首家未来超市：解密安徽乐城 IBMG国际商业管理集团 著	本书深入挖掘了安徽乐城超市的试验案例，为零售企业未来的发展提供了一条可借鉴之路	通俗易懂，行业经验丰富，宝贵的行业量化数据，关键思路和步骤

互联网+

	书名・作者	内容/特色	读者价值
互联网+	互联网时代的银行转型 韩友诚 著	以大量案例形式为读者全面展示和分析了银行的互联网金融转型应对之道	结合本土银行转型发展案例的书籍
	正在发生的转型升级・实践 本土管理实践与创新论坛 著	企业在快速变革期所展现出的管理变革新成果、新方法、新案例	重点突出对于未来企业管理相关领域的趋势研判
	触发需求：互联网新营销样本・水产 何足奇 著	传统产业都在苦闷中挣扎前行，本书通过鲜活的案例告诉你如何以需求链整合供应链，从而把大家熟知的传统行业打碎了重构、重做一遍	全是干货，值得细读学习，并且作者的理论已经经过了他亲自操刀的实践检验，效果惊人，就在书中全景展示
	移动互联新玩法：未来商业的格局和趋势 史贤龙 著	传统商业、电商、移动互联，三个世界并存，这种新格局的玩法一定要懂	看清热点的本质，把握行业先机，一本书搞定移动互联网
	微商生意经：真实再现33个成功案例操作全程 伏泓霖 罗晓慧 著	本书为33个真实案例，分享案例主人公在做微商过程中的经验教训	案例真实，有借鉴意义
	阿里巴巴实战运营——14招玩转诚信通 聂志新 著	本书主要介绍阿里巴巴诚信通的十四个基本推广操作，从而帮助使用诚信通的用户与企业更好地提升业绩	基本操作，很多可以边学边用，简单易学
	今后这样做品牌：移动互联时代的品牌营销策略 蒋 军 著	与移动互联紧密结合，告诉你老方法还能不能用，新方法怎么用	今后这样做品牌就对了
	互联网+"变"与"不变"：本土管理实践与创新论坛集萃．2016 本土管理实践与创新论坛 著	本土管理领域正在产生自己独特的理论和模式，尤其在移动互联时代，有很多新课题需要本土专家们一起研究	帮助读者拓宽眼界、突破思维

续表

	书名・作者	内容/特色	读者价值
互联网+	创造增量市场:传统企业互联网转型之道 刘红明 著	传统企业需要用互联网思维去创造增量,而不是用电子商务去转移传统业务的存量	教你怎么在"互联网+"的海洋中创造实实在在的增量
	重生战略:移动互联网和大数据时代的转型法则 沈 拓 著	在移动互联网和大数据时代,传统企业转型如同生命体打算与再造,称之为"重生战略"	帮助企业认清移动互联网环境下的变化和应对之道
	画出公司的互联网进化路线图:用互联网思维重塑产品、客户和价值 李 蓓 著	18个问题帮助企业一步步梳理出互联网转型思路	思路清晰、案例丰富,非常有启发性
	7个转变,让公司3年胜出 李 蓓 著	消费者主权时代,企业该怎么办	这就是互联网思维,老板有能这样想,肯定倒不了
	跳出同质思维,从跟随到领先 郭 剑 著	66个精彩案例剖析,帮助老板突破行业长期思维惯性	做企业竟然有这么多玩法,开眼界

行业类:零售、白酒、食品/快消品、农业、医药、建材家居等

	书名・作者	内容/特色	读者价值
零售・超市・餐饮・服装・汽车	1. 总部有多强大,门店就能走多远 2. 超市卖场定价策略与品类管理 3. 连锁零售企业招聘与培训破解之道 4. 中国首家未来超市:解密安徽乐城 5. 三四线城市超市如何快速成长:解密甘雨亭 IBMG国际商业管理集团 著	国内外标杆企业的经验+本土实践量化数据+操作步骤、方法	通俗易懂,行业经验丰富,宝贵的行业量化数据,关键思路和步骤
	涨价也能卖到翻 村松达夫 【日】	提升客单价的15种实用、有效的方法	日本企业在这方面非常值得学习和借鉴
	移动互联下的超市升级 联商网专栏频道 著	深度解析超市转型升级重点	帮助零售企业把握全局、看清方向
	手把手教你做专业督导:专卖店、连锁店 熊亚柱 著	从督导的职能、作用,在工作中需要的专业技能、方法,都提供了详细的解读和训练办法,同时附有大量的表单工具	无论是店铺需要统一培训,还是个人想成为优秀的督导,有这一本就够了
	零售百货全渠道营销策略 陈继展 著	没有照本宣科、说教式的絮叨,只有笔者对行业的认知与理解,庖丁解牛式的逐项解析、展开	通俗易懂,花极少的时间快速掌握该领域的知识及趋势

续表

分类	书名/作者	内容	特点
零售·超市·餐饮·服装·汽车	零售:把客流变成购买力 丁昀 著	如何通过不断升级产品和体验式服务来经营客流	如何进行体验营销,国外的好经营,这方面有启发
	餐饮企业经营策略第一书 吴坚 著	分别从产品、顾客、市场、盈利模式等几个方面,对现阶段餐饮企业的发展提出策略和思路	第一本专业的、高端的餐饮企业经营指导书
	赚不赚钱靠店长:从懂管理到会经营 孙彩军 著	通过生动的案例来进行剖析,注重门店管理细节方面的能力提升	帮助终端门店店长在管理门店的过程中实现经营思路的拓展与突破
	汽车配件这样卖:汽车后市场销售秘诀100条 俞士耀 著	汽配销售业务员必读,手把手教授最实用的方法,轻松得来好业绩	快速上岗,专业实效,业绩无忧
耐消品	跟行业老手学经销商开发与管理:家电、耐消品、建材家居 黄润霖 著	全部来源于经销商管理的一线问题,作者用丰富的经验将每一个问题落实到最便捷快速的操作方法上去	书中每一个问题都是普通营销人亲口提出的,这些问题你也会遇到,作者进行的解答则精彩实用
白酒	变局下的白酒企业重构 杨永华 著	帮助白酒企业从产业视角看清趋势,找准位置,实现弯道超车的书	行业内企业要减少90%,自己在什么位置,怎么做,都清楚了
	1. 白酒营销的第一本书(升级版) 2. 白酒经销商的第一本书 唐江华 著	华泽集团湖南开口笑公司品牌部长,擅长酒类新品推广、新市场拓展	扎根一线,实战
	区域型白酒企业营销必胜法则 朱志明 著	为区域型白酒企业提供35条必胜法则,在竞争中赢销的葵花宝典	丰富的一线经验和深厚积累,实操实用
	10步成功运作白酒区域市场 朱志明 著	白酒区域操盘者必备,掌握区域市场运作的战略、战术、兵法	在区域市场的攻伐防守中运筹帷幄,立于不败之地
	酒业转型大时代:微酒精选2014-2015 微酒 主编	本书分为五个部分:当年大事件、那些酒业营销工具、微酒独立策划、业内大调查和十大经典案例	了解行业新动态、新观点,学习营销方法
快消品·食品	乳业营销第一书 侯军伟 著	对区域乳品企业生存发展关键性问题的梳理	唯一的区域乳业营销书,区域乳品企业一定要看
	食用油营销第一书 余盛 著	10多年油脂企业工作经验,从行业到具体实操	食用油行业第一书,当之无愧
	中国茶叶营销第一书 柏巍 著	如何跳出茶行业"大文化小产业"的困境,作者给出了自己的观察和思考	不是传统做茶的思路,而是现在商业做茶的思路
	调味品营销第一书 陈小龙 著	国内唯一一本调味品营销的书	唯一的调味品营销的书,调味品的从业者一定要看

续表

分类	书名	简介	推荐理由
快消品·食品	快消品营销人的第一本书：从入门到精通 刘雷 伯建新 著	快消行业必读书，从入门到专业	深入细致，易学易懂
	变局下的快消品营销实战策略 杨永华 著	通胀了，成本增加，如何从被动应战变成主动的"系统战"	作者对快消品行业非常熟悉、非常实战
	快消品经销商如何快速做大 杨永华 著	本书完全从实战的角度，评述现象，解析误区，揭示原理，传授方法	为转型期的经销商提供了解决思路，指出了发展方向
	一位销售经理的工作心得 蒋军 著	一线营销管理人员想提升业绩却无从下手时，可以看看这本书	一线的真实感悟
	快消品营销：一位销售经理的工作心得2 蒋军 著	快消品、食品饮料营销的经验之谈，重点图书	来源与实战的精华总结
	快消品营销与渠道管理 谭长春 著	将快消品标杆企业渠道管理的经验和方法分享出来	可口可乐、华润的一些具体的渠道管理经验，实战
	成为优秀的快消品区域经理（升级版） 伯建新 著	用"怎么办"分析区域经理的工作关键点，增加30%全新内容，更贴近环境变化	可以作为区域经理的"速成催化器"
	销售轨迹：一位快消品营销总监的拼搏之路 秦国伟 著	本书讲述了一个普通销售员打拼成为跨国企业营销总监的真实奋斗历程	激励人心，给广大销售员以力量和鼓舞
	快消老手都在这样做：区域经理操盘锦囊 方刚 著	非常接地气，全是多年沉淀下来的干货，丰富的一线经验和实操方法不可多得	在市场摸爬滚打的"老油条"，那些独家绝妙招一般你问都是问不来的
	动销四维：全程辅导与新品上市 高继中 著	从产品、渠道、促销和新品上市详细讲解提高动销的具体方法，总结作者18年的快消品行业经验，方法实操	内容全面系统，方法实操
农业	中国牧场管理实战：畜牧业、乳业必读 黄剑黎 著	本书不仅提供了来自一线的实际经验，还收入了丰富的工具文档与表单	填补空白的行业必读作品
	中小农业企业品牌战法 韩旭 著	将中小农业企业品牌建设的方法，从理论讲到实践，具有指导性	全面把握品牌规划，传播推广，落地执行的具体措施
	农资营销实战全指导 张博 著	农资如何向"深度营销"转型，从理论到实践进行系统剖析，经验资深	朴实、使用！不可多得的农资营销实战指导
	农产品营销第一书 胡浪球 著	从农业企业战略到市场开拓、营销、品牌、模式等	来源于实践中的思考，有启发
	变局下的农牧企业9大成长策略 彭志雄 著	食品安全、纵向延伸、横向联合、品牌建设……	唯一的农牧企业经营实操的书，农牧企业一定要看

续表

医药	新医改下的医药营销与团队管理 史立臣 著	探讨新医改对医药行业的系列影响和医药团队管理	帮助理清思路,有一个框架
	医药营销与处方药学术推广 马宝琳 著	如何用医学策划把"平民产品"变成"明星产品"	有真货、讲真话的作者,堪称处方药营销的经典!
	新医改了,药店就要这样开 尚锋 著	药店经营、管理、营销全攻略	有很强的实战性和可操作性
	电商来了,实体药店如何突围 尚锋 著	电商崛起,药店该如何突围?本书从促销、会员服务、专业性、客单价等多重角度给出了指导方向	实战攻略,拿来就能用
	在中国,医药营销这样做:时代方略精选文集 段继东 主编	专注于医药营销咨询15年,将医药营销方法的精华文章合编,深入全面	可谓医药营销领域的顶尖著作,医药界读者的必读书
	OTC医药代表药店销售36计 鄢圣安 著	以《三十六计》为线,写OTC医药代表向药店销售的一些技巧与策略	案例丰富,生动真实,实操性强
	OTC医药代表药店开发与维护 鄢圣安 著	要做到一名专业的医药代表,需要做什么、准备什么、知识储备、操作技巧等	医药代表药店拜访的指导手册,手把手教你快速上手
	引爆药店成交率1:店员导购实战 范月明 著	一本书解决药店导购所有难题	情景化、真实化、实战化
	引爆药店成交率2:经营落地实战 范月明 著	最接地气的经营方法全指导	揭示了药店经营的几类关键问题
	医药企业转型升级战略 史立臣 著	药企转型升级有5大途径,并给出落地步骤及风险控制方法	实操性强,有作者个人经验总结及分析
建材家居	建材家居营销实务 程绍珊 杨鸿贵 主编	价值营销运用到建材家居,每一步都让客户增值	有自己的系统、实战
	建材家居门店销量提升 贾同领 著	店面选址、广告投放、推广助销、空间布局、生动展示、店面运营等	门店销量提升是一个系统工程,非常系统、实战
	10步成为最棒的建材家居门店店长 徐伟泽 著	实际方法易学易用,让员工能够迅速成长,成为独当一面的好店长	只要坚持这样干,一定能成为好店长
	手把手帮建材家居导购业绩倍增:成为顶尖的门店店员 熊亚柱 著	生动的表现形式,让普通人也能成为优秀的导购员,让门店业绩红火	读着有趣,用着简单,一本在手、业绩无忧
	建材家居经销商实战42章经 王庆云 著	告诉经销商:老板怎么当、团队怎么带、生意怎么做	忠言逆耳,看着不舒服就对了,实战总结,用一招半式就值了

续表

分类	书名/作者	内容简介	推荐语
工业品	销售是门专业活：B2B、工业品 陆和平 著	销售流程就应该跟着客户的采购流程和关注点的变化向前推进，将一个完整的销售过程分成十个阶段，提供具体方法	销售不是请客吃饭拉关系，是个专业的活计！方法在手，走遍天下不愁
	解决方案营销实战案例 刘祖轲 著	用10个真案例讲明白什么是工业品的解决方案式营销，实战、实用	有干货、真正操作过的才能写得出来
	变局下的工业品企业7大机遇 叶敦明 著	产业链条的整合机会、盈利模式的复制机会、营销红利的机会、工业服务商转型机会……	工业品企业还可以这样做，思维大突破
	工业品市场部实战全指导 杜忠 著	工业品市场部经理工作内容全指导	系统、全面、有理论、有方法，帮助工业品市场部经理更快提升专业能力
	工业品营销管理实务 李洪道 著	中国特色工业品营销体系的全面深化、工业品营销管理体系优化升级	工具更实战，案例更鲜活，内容更深化
	工业品企业如何做品牌 张东利 著	为工业品企业提供最全面的品牌建设思路	有策略、有方法、有思路、有工具
	丁兴良讲工业4.0 丁兴良 著	没有枯燥的理论和说教，用朴实直白的语言告诉你工业4.0的全貌	工业4.0是什么？本书告诉你答案
	资深大客户经理：策略准，执行狠 叶敦明 著	从业务开发、发起攻势、关系培育、职业成长四个方面，详述了大客户营销的精髓	满满的全是干货
	一切为了订单：订单驱动下的工业品营销实战 唐道明 著	其实，所有的企业都在围绕着两个字在开展全部的经营和管理工作，那就是"订单"	开发订单、满足订单、扩大订单。本书全是实操方法，字字珠玑、句句干货，教你获得营销的胜利
金融	交易心理分析 (美)马克·道格拉斯 著 刘真如 译	作者一语道破赢家的思考方式，并提供了具体的训练方法	不愧是投资心理的第一书，绝对经典
	精品银行管理之道 崔海鹏 何屹 主编	中小银行转型的实战经验总结	中小银行的教材很多，实战类的书很少，可以看看
	支付战争 Eric M. Jackson 著 徐彬 王晓 译	PayPal创业期营销官，亲身讲述PayPal从诞生到壮大到成功出售的整个历史	激烈、有趣的内幕商战故事！了解美国支付市场的风云巨变
房地产	产业园区/产业地产规划、招商、运营实战 阎立忠 著	目前中国第一本系统解读产业园区和产业地产建设运营的实战宝典	从认知、策划、招商到运营全面了解地产策划

续表

房地产	人文商业地产策划 戴欣明 著	城市与商业地产战略定位的关键是不可复制性,要发现独一无二的"味道"	突破千城一面的策划困局
	电影院的下一个黄金十年:开发·差异化·案例 李保煜 著	对目前电影院市场存大的问题及如何解决进行了探讨与解读	多角度了解电影院运营方式及代表性案例

经营类:企业如何赚钱,如何抓机会,如何突破,如何"开源"

	书名·作者	内容/特色	读者价值
抓方向	让经营回归简单·升级版 宋新宇 著	化繁为简抓住经营本质:战略、客户、产品、员工、成长	经典,做企业就这几个关键点!
	活系统:跟任正非学当老板 孙行健 尹贤 著	以任正非的独到视角,教企业老板如何经营公司	看透公司经营本质,激活企业活力
	公司由小到大要过哪些坎 卢强 著	老板手里的一张"企业成长路线图"	现在我在哪儿,未来还要走哪些路,都清楚了
	企业二次创业成功路线图 夏惊鸣 著	企业曾经抓住机会成功了,但下一步该怎么办?	企业怎样获得第二次成功,心里有个大框架了
	老板经理人双赢之道 陈明 著	经理人怎养选平台,怎么开局,老板怎样选/育/用/留	老板生闷气,经理人牢骚大,这次知道该怎么办了
	简单思考:AMT咨询创始人自述 孔祥云 著	著名咨询公司(AMT)的CEO创业历程中点点滴滴的经验与思考	每一位咨询人,每一位创业者和管理经营者,都值得一读
	企业文化的逻辑 王祥伍 黄健江 著	为什么企业绩效如此不同,解开绩效背后的文化密码	少有的深刻,有品质,读起来很流畅
	使命驱动企业成长 高可为 著	钱能让一个人今天努力,使命能让一群人长期努力	对于想做事业的人,'使命'是绕不过去的
思维突破	移动互联新玩法:未来商业的格局和趋势 史贤龙 著	传统商业、电商、移动互联,三个世界并存,这种新格局的玩法一定要懂	看清热点的本质,把握行业先机,一本书搞定移动互联网
	画出公司的互联网进化路线图:用互联网思维重塑产品、客户和价值 李蓓 著	18个问题帮助企业一步步梳理出互联网转型思路	思路清晰、案例丰富,非常有启发性
	重生战略:移动互联网和大数据时代的转型法则 沈拓 著	在移动互联网和大数据时代,传统企业转型如同生命体打算与再造,称之为"重生战略"	帮助企业认清移动互联网环境下的变化和应对之道
	创造增量市场:传统企业互联网转型之道 刘红明 著	传统企业需要用互联网思维去创造增量,而不是用电子商务去转移传统业务的存量	教你怎么在"互联网+"的海洋中创造实实在在的增量
	7个转变,让公司3年胜出 李蓓 著	消费者主权时代,企业该怎么办	这就是互联网思维,老板有能这样想,肯定倒不了

续表

分类	书名·作者	内容/特色	读者价值
思维突破	跳出同质思维，从跟随到领先 郭剑 著	66个精彩案例剖析，帮助老板突破行业长期思维惯性	做企业竟然有这么多玩法，开眼界
	麻烦就是需求 难题就是商机 卢根鑫 著	如何借助客户的眼睛发现商机	什么是真商机，怎么判断、怎么抓，有借鉴
	互联网+"变"与"不变"：本土管理实践与创新论坛集萃。2016本土管理实践与创新论坛 著	加速本土管理思想的孕育诞生，促进本土管理创新成果更好地服务企业、贡献社会	各个作者本年度最新思想，帮助读者拓宽眼界、突破思维
财务	写给企业家的公司与家庭财务规划——从创业成功到富足退休 周荣辉 著	本书以企业的发展周期为主线，写各阶段企业与企业主家庭的财务规划	为读者处理人生各阶段企业与家庭的财务问题提供建议及方法，让家庭成员真正享受财富带来的益处
	互联网时代的成本观 程翔 著	本书结合互联网时代提出了成本的多维观，揭示了多维组合成本的互联网精神和大数据特征，论述了其产生背景、实现思路和应用价值	在传统成本观下为盈利的业务，在新环境下也许就成为亏损业务。帮助管理者从新的角度看待成本，进一步做好精益管理

管理类：效率如何提升，如何实现经营目标，如何"节流"

分类	书名·作者	内容/特色	读者价值
通用管理	1. 让管理回归简单．升级版 2. 让经营回归简单．升级版 3. 让用人回归简单 宋新宇 著	宋博士的"简单"三部曲，影响20万读者，非常经典	被读者热情地称作"中小企业的管理圣经"
	管理：以规则驾驭人性 王春强 著	详细解读企业规则的制定方法	从人与人博弈角度提升管理的有效性
	员工心理学超级漫画版 邢雷 著	以漫画的形式深度剖析员工心理	帮助管理者更了解员工，从而更轻松地管理员工
	分股合心：股权激励这样做 段磊 周剑 著	通过丰富的案例，详细介绍了股权激励的知识和实行方法	内容丰富全面、易读易懂，了解股权激励，有这一本就够了
	边干边学做老板 黄中强 著	创业20多年的老板，有经验、能写、又愿意分享，这样的书很少	处处共鸣，帮助中小企业老板少走弯路
	中国式阿米巴落地实践之从交付到交易 胡八一 著	本书主要讲述阿米巴经营会计，"从交付到交易"，这是成功实施了阿米巴的标志	阿米巴经营会计的工作是有逻辑关联的，一本书就能搞定

续表

通用管理	集团化企业阿米巴实战案例 初勇钢 著	一家集团化企业阿米巴实施案例	指导集团化企业系统实施阿米巴
	阿米巴经营的中国模式 李志华 著	让员工从"要我干"到"我要干",价值量化出来	阿米巴在企业如何落地,明白思路了
	中国式阿米巴落地实践之激活组织 胡八一 著	重点讲解如何科学划分阿米巴单元,阐述划分的实操要领、思路、方法、技术与工具	最大限度减少"推行风险"和"摸索成本",利于公司成功搭建适合自身的个性化阿米巴经营体系
	欧博心法:好管理靠修行 曾 伟 著	用佛家的智慧,深刻剖析管理问题,见解独到	如果真的有'中国式管理',曾老师是其中标志性人物
流程管理	1. 用流程解放管理者 2. 用流程解放管理者2 张国祥 著	中小企业阅读的流程管理、企业规范化的书	通俗易懂,理论和实践的结合恰到好处
	跟我们学建流程体系 陈立云 著	畅销书《跟我们学做流程管理》系列,更实操,更细致,更深入	更多地分享实践,分享感悟,从实践总结出来的方法论
质量管理	五大质量工具详解及运用案例:APQP/FMEA/PPAP/MSA/SPC 谭洪华 著	对制造业必备的五大质量工具中每个文件的制作要求、注意事项、制作流程、成功案例等进行了解读	通俗易懂,简便易行,能真正实现学以致用
	1. ISO9001:2015新版质量管理体系详解与案例文件汇编 2. ISO14001:2015新版环境管理体系详解与案例文件汇编 谭洪华 著	紧密围绕2015新版,逐条详细解读,工具也可以直接套用,易学易上手	企业认证、内审必备
战略落地	重生——中国企业的战略转型 施 炜 著	从前瞻和适用的角度,对中国企业战略转型的方向、路径及策略性举措提出了一些概要性的建议和意见	对企业有战略指导意义
	公司大了怎么管:从靠英雄到靠组织 AMT 金国华 著	第一次详尽阐释中国快速成长型企业的特点、问题及解决之道	帮助快速成长型企业领导及管理团队理清思路,突破瓶颈
	低效会议怎么改:每年节省一半会议成本的秘密 AMT 王玉荣 著	教你如何系统规划公司的各级会议,一本工具书	教会你科学管理会议的办法
	年初订计划,年尾有结果:战略落地七步成诗 AMT 郭晓 著	7个步骤教会你怎么让公司制定的战略转变为行动	系统规划,有效指导计划实现

续表

人力资源	回归本源看绩效 孙波 著	让绩效回顾"改进工具"的本源，真正为企业所用	确实是来源于实践的思考，有共鸣
	世界500强资深培训经理人教你做培训管理 陈锐 著	从7大角度具体细致地讲解了培训管理的核心内容	专业、实用、接地气
	曹子祥教你做激励性薪酬设计 曹子祥 著	以激励性为指导，系统性地介绍了薪酬体系及关键岗位的薪酬设计模式	深入浅出，一本书学会薪酬设计
	曹子祥教你做绩效管理 曹子祥 著	复杂的理论通俗化，专业的知识简单化，企业绩效管理共性问题的解决方案	轻松掌握绩效管理
	把招聘做到极致 远鸣 著	作为世界500强高级招聘经理，作者数十年招聘经验的总结分享	带来职场思考境界的提升和具体招聘方法的学习
	人才评价中心·超级漫画版 邢雷 著	专业的主题，漫画的形式，只此一本	没想到一本专业的书，能写成这效果
	走出薪酬管理误区 全怀周 著	剖析薪酬管理的8大误区，真正发挥好枢纽作用	值得企业深读的实用教案
	集团化人力资源管理实践 李小勇 著	对搭建集团化的企业很有帮助，务实，实用	最大的亮点不是理论，而是结合实际的深入剖析
	我的人力资源咨询笔记 张伟 著	管理咨询师的视角，思考企业的HR管理	通过咨询师的眼睛对比很多企业，有启发
	本土化人力资源管理8大思维 周剑 著	成熟HR理论，在本土中小企业实践中的探索和思考	对企业的现实困境有真切体会，有启发
企业文化	HRBP是这样炼成的之"菜鸟起飞" 新海 著	以小说的形式，具体解析HRBP的职责，应该如何操作，如何为业务服务	实践者的经验分享，内容实务具体，形式有趣
	华夏基石方法:企业文化落地本土实践 王祥伍 谭俊峰 著	十年积累、原创方法、一线资料，和盘托出	在文化落地方面真正有洞察，有实操价值的书
	企业文化的逻辑 王祥伍 著	为什么企业之间如此不同，解开绩效背后的文化密码	少有的深刻，有品质，读起来很流畅
	企业文化激活沟通 宋杼宸 安琪 著	透过新任HR总经理的眼睛，揭示出沟通与企业文化的关系	有实际指导作用的文化落地读本
	在组织中绽放自我:从专业化到职业化 朱仁健 王祥伍 著	个人如何融入组织，组织如何助力个人成长	帮助企业员工快速认同并投入到组织中去，为企业发展贡献力量
	企业文化定位·落地一本通 王明胤 著	把高深枯燥的专业理论创成一套系统化、实操化、简单化的企业文化缔造方法	对企业文化不了解，不会做？有这一本从概念到实操，就够了

续表

生产管理	看懂精益5S的300张现场图 乐 涛 编著	5S现场实操详解	案例图解,易懂易学
	高员工流失率下的精益生产 余伟辉 著	中国的精益生产必须面对和解决高员工流失率问题	确实来源于本土的工厂车间,很务实
	车间人员管理那些事儿 岑立聪 著	车间人员管理中处理各种"疑难杂症"的经验和方法	基层车间管理者最闹心、头疼的事,'打包'解决
	1. 欧博心法:好管理靠修行 2. 欧博心法:好工厂这样管 曾 伟 著	他是本土最大的制造业管理咨询机构创办人,他从400多个项目、上万家企业实践中锤炼出的欧博心法	中小制造型企业,一定会有很强的共鸣
	欧博工厂案例1:生产计划管控对话录 欧博工厂案例2:品质技术改善对话录 欧博工厂案例3:员工执行力提升对话录 曾 伟 著	最典型的问题、最详尽的解析,工厂管理9大问题27个经典案例	没想到说得这么细,超出想象,案例很典型,照搬搬可以了
	苦中得乐:管理者的第一堂必修课 曾 伟 编著	曾伟与师傅大愿法师的对话,佛学与管理实践的碰撞,管理禅的修行之道	用佛学最高智慧看透管理
	比日本工厂更高效1:管理提升无极限 刘承元 著	指出制造型企业管理的六大积弊;颠覆流行的错误认知;掌握精益管理的精髓	每一个企业都有自己不同的问题,管理没有一剑封喉的秘笈,要从现场、现物、现实出发
	比日本工厂更高效2:超强经营力 刘承元 著	企业要获得持续盈利,就要开源和节流,即实现销售最大化,费用最小化	掌握提升工厂效率的全新方法
	比日本工厂更高效3:精益改善力的成功实践 刘承元 著	工厂全面改善系统有其独特的目的取向特征,着眼于企业经营体质(持续竞争力)的建设与提升	用持续改善力来飞速提升工厂的效率,高效率能够带来意想不到的高效益
	3A顾问精益实践1:IE与效率提升 党新民 苏迎斌 蓝旭日 著	系统的阐述了IE技术的来龙去脉以及操作方法	使员工与企业持续获利
	3A顾问精益实践2:JIT与精益改善 肖志军 党新民 著	只在需要的时候,按需要的量,生产所需的产品	提升工厂效率

续表

	书名・作者	内容/特色	读者价值
员工素质提升	手把手教你做专业督导：专卖店、连锁店 熊亚柱 著	从督导的职能、作用，在工作中需要的专业技能、方法，都提供了详细的解读和训练办法，同时附有大量的表单工具	无论是店铺需要统一培训，还是个人想成为优秀的督导，有这一本就够了
	跟老板"偷师"学创业 吴江萍 余晓雷 著	边学边干，边观察边成长，你也可以当老板	不同于其他类型的创业书，让你在工作中积累创业经验，一举成功
	销售轨迹：一位快消品营销总监的拼搏之路 秦国伟 著	本书讲述了一个普通销售员打拼成为跨国企业营销总监的真实奋斗历程	激励人心，给广大销售员以力量和鼓舞
	在组织中绽放自我：从专业化到职业化 朱仁健 王祥伍 著	个人如何融入组织，组织如何助力个人成长	帮助企业员工快速认同并投入到组织中去，为企业发展贡献力量
	企业员工弟子规：用心做小事，成就大事业 贾同领 著	从传统文化《弟子规》中学习企业中为人处事的办法，从自身做起	点滴小事，修养自身，从自身的改善得到事业的提升
	手把手教你做顶尖企业内训师：TTT培训师宝典 熊亚柱 著	从课程研发到现场把控、个人提升都有涉及，易读易懂，内容丰富全面	想要做企业内训师的员工有福了，本书教你如何抓住关键，从入门到精通

营销类：把客户需求融入企业各环节，提供"客户认为"有价值的东西

	书名・作者	内容/特色	读者价值
营销模式	洞察人性的营销战术：沈坤教你28式 沈坤 著	28个匪夷所思的营销怪招令人拍案叫绝，涉及商业竞争的方方面面，大部分战术可以直接应用到企业营销中	各种谋略得益于作者的横向思维方式，将其操作过的案例结合其中，提供的战术对读者有参考价值
	动销操盘：节奏掌控与社群时代新战法 朱志明 著	在社群时代把握好产品生产销售的节奏，解析动销的症结，寻找动销的规律与方法	都是易读易懂的干货！对动销方法的全面解析和操盘
	变局下的营销模式升级 程绍珊 叶宁 著	客户驱动模式、技术驱动模式、资源驱动模式	很多行业的营销模式被颠覆，调整的思路有了！
	卖轮子 科克斯【美】	小说版的营销学！营销理念巧妙贯穿其中，贵在既有趣，又有深度	经典、有趣！一个故事读懂营销精髓
	弱势品牌如何做营销 李政权 著	中小企业虽有品牌但没名气，营销照样能做的有声有色	没有丰富的实操经验，写不出这么具体、详实的案例和步骤，很有启发
	老板如何管营销 史贤龙 著	高段位营销16招，好学好用	老板能看，营销人也能看

续表

营销模式	动销:产品是如何畅销起来的 吴江萍　余晓雷　著	真真切切告诉你,产品究竟怎么才能卖出去	击中痛点,提供方法,你值得拥有
	资深大客户经理:策略准,执行狠 叶敦明　著	从业务开发、发起攻势、关系培育、职业成长四个方面,详述了大客户营销的精髓	满满的全是干货
	成为资深的销售经理:B2B、工业品 陆和平　著	围绕"销售管理的六个关键控制点"一一展开,提供销售管理的专业、高效方法	方法和技术接地气,拿来就用,从销售员成长为经理不再犯难
	销售是门专业活:B2B、工业品 陆和平　著	销售流程就应该跟着客户的采购流程和关注点的变化向前推进,将一个完整的销售过程分成十个阶段,提供具体方法	销售不是请客吃饭拉关系,是个专业的活计!方法在手,走遍天下不愁
	向高层销售:与决策者有效打交道 贺兵一　著	一套完整有效的销售策略	有工具,有方法,有案例,通俗易懂
	卖轮子 科克斯　【美】	小说版的营销学!营销理念巧妙贯穿其中,贵在既有趣,又有深度	经典、有趣!一个故事读懂营销精髓
	学话术　卖产品 张小虎　著	分析常见的顾客异议,将优秀的话术模块化	让普通导购员也能成为销售精英
组织和团队	升级你的营销组织 程绍珊　吴越舟　著	用"有机性"的营销组织替代"营销能人",营销团队变成"铁营盘"	营销队伍最难管,程老师不愧是营销第1操盘手,步骤方法都很成熟
	用数字解放营销人 黄润霖　著	通过量化帮助营销人员提高工作效率	作者很用心,很好的常备工具书
	成为优秀的快消品区域经理(升级版) 伯建新　著	用"怎么办"分析区域经理的工作关键点,增加30%全新内容,更贴近环境变化	可以作为区域经理的"速成催化器"
	一位销售经理的工作心得 蒋　军　著	一线营销管理人员想提升业绩却无从下手时,可以看看这本书	一线的真实感悟
	快消品营销:一位销售经理的工作心得2 蒋　军　著	快消品、食品饮料营销的经验之谈,重点突出	来源于实战的精华总结
	销售轨迹:一位快消品营销总监的拼搏之路 秦国伟　著	本书讲述了一个普通销售员打拼成为跨国企业营销总监的真实奋斗历程	激励人心,给广大销售员以力量和鼓舞
	用营销计划锁定胜局:用数字解放营销人2 黄润霖　著	全方位教你怎么做好营销计划,好学好用真简单	照搬套用就行,做营销计划再也不头痛
	快消品营销人的第一本书:从入门到精通 刘雷　伯建新　著	快消行业必读书,从入门到专业	深入细致,易学易懂

续表

产品	产品炼金术Ⅰ:如何打造畅销产品 史贤龙　著	满足不同阶段、不同体量、不同行业企业对产品的完整需求	必须具备的思维和方法,避免在产品问题上走弯路
	产品炼金术Ⅱ:如何用产品驱动企业成长 史贤龙　著	做好产品、关注产品的品质,就是企业成功的第一步	必须具备的思维和方法,避免在产品问题上走弯路
	新产品开发管理,就用IPD 郭富才　著	10年IPD研发管理咨询总结,国内首部IPD专业著作	一本书掌握IPD管理精髓
品牌	中小企业如何建品牌 梁小平　著	中小企业建品牌的入门读本,通俗、易懂	对建品牌有了一个整体框架
	采纳方法:破解本土营销8大难题 朱玉童　编著	全面、系统、案例丰富、图文并茂	希望在品牌营销方面有所突破的人,应该看看
	中国品牌营销十三战法 朱玉童　编著	采纳20年来的品牌策划方法,同时配有大量的案例	众包方式写作,丰富案例给人启发,极具价值
	今后这样做品牌:移动互联时代的品牌营销策略 蒋军　著	与移动互联紧密结合,告诉你老方法还能不能用,新方法怎么用	今后这样做品牌就对了
	中小企业如何打造区域强势品牌 吴之　著	帮助区域的中小企业打造自身品牌,如何在强壮自身的基础上往外拓展	梳理误区,系统思考品牌问题,切实符合本土中小区域品牌的自身特点进行阐述
渠道通路	快消品营销与渠道管理 谭长春　著	将快消品标杆企业渠道管理的经验和方法分享出来	可口可乐、华润的一些具体的渠道管理经验,实战
	传统行业如何用网络拿订单 张进　著	给老板看的第一本网络营销书	适合不懂网络技术的经营决策者看
	采纳方法:化解渠道冲突 朱玉童　编著	系统剖析渠道冲突,21个渠道冲突案例、情景式讲解,37篇讲义	系统、全面
	学话术　卖产品 张小虎　著	分析常见的顾客异议,将优秀的话术模块化	让普通导购员也能成为销售精英
	向高层销售:与决策者有效打交道 贺兵一　著	一套完整有效的销售策略	有工具,有方法,有案例,通俗易懂
	通路精耕操作全解:快消品20年实战精华 周俊　陈小龙　著	通路精耕的详细全解,每一步的具体操作方法和表单全部无保留提供	康师傅二十年的经验和精华,实践证明的最有效方法,教你如何主宰通路

续表

管理者读的文史哲·生活

	书名.作者	内容/特色	读者价值
思想·文化	众生相 仲昭川 著	《互联网黑洞》作者仲昭川的随笔集——纵横宇宙生命,无言参万相。透视各色脸谱,一语破天机	商场或情场的顺心法宝,修道或混世的开悟按钮
	每个中国人身上的春秋基因 史贤龙 著	春秋368年(公元前770-公元前403年),每一个中国人都可以在这段时期的历史中找到自己的祖先,看到真实发生的事件,同时也看到自己	长情商、识人心
	内功太极拳训练教程 王铁仁 编著	杨式(内功)太极拳(俗称老六路)的详细介绍及具体修炼方法,身心的一次升华	书中含有大量图解并有相关视频供读者同步学习
	中医治心脏病 马宝琳 著	引用众多真实案例,客观真实地讲述了中西医对于心脏病的认识及治疗方法	看完这本书,能为您节约10万元医药费
	易经系辞大义 史幼波 著	结合人类社会的各种现象和人与人之间的复杂关系,系统阐述了《系辞》中蕴含的丰富思想	轻松掌握传统智慧精髓,从而达到修身养性的目的
	史幼波中庸讲记(上下册) 史幼波 著	全面、深入浅出地揭示儒家中庸文化的真谛	儒释道三家思想融汇贯通
	史幼波心经讲记(上下册) 史幼波 著	句句精讲,句句透彻,佛法经典的多角度阐释	通俗易懂,将深刻的教理以浅显的语言讲出来
	史幼波大学讲记 史幼波 著	用儒释道的观点阐释大学的深刻思想	一本书读懂传统文化经典
	史幼波《周子通书》《太极图说》讲记 史幼波 著	把形而上的宇宙、天地,与形而下的社会、人生、经济、文化等融合在一起	将儒家的一整套学修系统融合起来